RÉSUMÉ

DES PRINCIPAUX TRAITÉS CHINOIS

SUR LA

CULTURE DES MURIERS

ET L'ÉDUCATION DES VERS A SOIE.

要輯蠶桑

RÉSUMÉ

DES PRINCIPAUX TRAITÉS CHINOIS

SUR LA

CULTURE DES MURIERS

ET L'ÉDUCATION DES VERS A SOIE

TRADUIT

PAR STANISLAS JULIEN

MEMBRE DE L'INSTITUT

PROFESSEUR DE LANGUE ET DE LITTÉRATURE CHINOISES AU COLLÉGE DE FRANCE

———

PUBLIÉ PAR ORDRE DU MINISTRE DES TRAVAUX PUBLICS

DE L'AGRICULTURE ET DU COMMERCE

———

PARIS

IMPRIMERIE ROYALE

———

M DCCC XXXVII

AVANT-PROPOS.

M. le Ministre des travaux publics, de l'agriculture et du commerce, a invité M. Camille Beauvais à rédiger l'Introduction qui précède la traduction de M. Stanislas Julien. Personne n'était plus capable d'apprécier le mérite des méthodes adoptées en Chine pour la culture des mûriers et l'éducation des vers à soie. En effet, M. Camille Beauvais a déjà mis en pratique plusieurs de ces méthodes, et c'est à leur emploi qu'il est redevable d'une partie des perfectionnements qu'il vient d'introduire dans ce genre d'industrie.

En faisant paraître cette traduction avec le concours de M. Camille Beauvais, M. le Ministre des travaux publics, de l'agriculture et du commerce, a voulu lui montrer le prix qu'il attache à ses importants travaux, et prouver en même temps aux éleveurs de vers à soie que des procédés suivis avec tant de succès par ce savant agriculteur sont dignes de fixer leur attention.

INTRODUCTION.

La traduction d'un ouvrage chinois qui traite d'une grande industrie établie depuis longtemps sur notre sol est une entreprise qui sera diversement appréciée. Quelle que soit l'opinion des éleveurs et des savants qui liront cette publication, je crois qu'elle restera toujours comme un témoignage de la supériorité des Chinois dans tous les détails pratiques qui embrassent la vie du ver à soie, et des résultats surprenants auxquels ils sont parvenus.

Quelques esprits, entraînés par l'influence d'anciennes traditions, jugeront puérile peut-être cette multitude de soins minutieux que les Chinois prodiguent aux vers à soie; d'autres n'y verront que des procédés en apparence peu différents des leurs, ou diront qu'ils peuvent convenir au climat de la Chine, et ne pas être applicables dans le nôtre; peut-être enfin un certain nombre de personnes oublieront-elles l'ouvrage après l'avoir lu. Mais le temps et l'expérience feront, je l'espère, apprécier à leur juste valeur ces méthodes naturelles, ces attentions délicates, ces précautions sages et multipliées que recommandent les auteurs chinois.

On comprendra aisément qu'un peuple observateur, qui a inventé, avant l'Europe, la boussole, l'imprimerie, la poudre à canon, et qui, depuis quarante siècles, regarde l'industrie de la soie comme sa principale richesse, doit l'avoir portée à un haut degré de perfection, et que nous ne saurions mieux faire que d'aller puiser à la source même de nouvelles connaissances et de nouveaux perfectionnements.

Si, par une judicieuse application des procédés des Chinois, nous parvenions à égaler leurs succès, bientôt la face de cette industrie serait changée en France. Elle prendrait alors un caractère plus stable; les éventualités qu'elle a maintenant à redouter feraient place à un système sûr et régulier, qui délivrerait l'éleveur des chances fâcheuses auxquelles des moyens imparfaits et variables l'exposent tous les jours. Mais pour atteindre ce but, pour que d'utiles innovations viennent démontrer l'importance de cet ouvrage, il faut du temps et de longues expériences. Nous devons nous pénétrer de l'esprit qui préside à toutes les pratiques des Chinois, si nous voulons les naturaliser chez nous et nous en servir avec assurance et avec succès.

Il est permis d'espérer que l'état avancé de nos sciences, nous donnera quelquefois l'avantage sur les Chinois dans l'application de leurs procédés. Je citerai à ce sujet un fait intéressant qui se trouve dans cette traduction. Les Chinois, persuadés que la pureté et le renouvellement de l'air sont indispensables à la santé des vers à soie, ont imaginé un système de ventilation qui, bien qu'il nous paraisse incomplet à quelques égards, présente plusieurs traits de ressemblance avec celui que nous devons à M. Darcet.

Ils font entrer l'air extérieur par des tubes qui sont placés de distance en distance, et qui s'ouvrent à fleur du sol. Quand l'air de l'atelier est vicié, on le laisse échapper par de petites fenêtres pratiquées dans le plafond. Ces mêmes tubes servent encore à répandre de la fraîcheur dans le local des vers à soie; on les ferme lorsqu'on a besoin d'élever la température.

Certes, ce système est loin de valoir celui de M. Darcet [1] qui réunit la simplicité à l'énergie, et offre le double avantage de conserver une température régulière, et de faire circuler l'air dans l'atelier. Mais, quelque imparfaite que la ventilation des Chinois puisse nous paraître, elle montre cependant combien cette nation industrieuse a fait d'efforts pour assurer la réussite constante de ses éducations.

J'ai déjà expérimenté deux méthodes chinoises qui m'ont donné les résultats les plus heureux : *l'alimentation fréquente des vers, et leur parfaite égalité qui doit commencer à leur naissance, et être maintenue avec soin pendant toute la durée de leur nourriture.* Je considère maintenant ces deux pratiques comme acquises à l'industrie *sérigène*, et comme des éléments indispensables de succès. J'en avais puisé l'idée dans un court Mémoire du P. d'Entrecolles, publié par le P. Duhalde. Frappé de ce résultat inattendu et voyant que le travail abrégé du savant missionnaire laissait beaucoup de choses à désirer, j'ai pensé qu'il était nécessaire de recourir aux auteurs chinois eux-mêmes pour obtenir, sur les vers à soie et les mûriers, des renseignements plus précis et plus

---

[1] En établissant à ma prière un système simple et économique de ventilation, qui porte maintenant le nom de son auteur, M. Darcet a ajouté un nouveau et éminent service à tous ceux dont les arts lui sont déjà redevables. On ne saurait trop louer le patriotisme et le désintéressement que ce savant a montré en cette occasion.

M. le Ministre des travaux publics vient de faire exécuter un certain nombre de modèles de cet appareil, qui ont été adressés aux préfets, pour être déposés dans les chefs-lieux des départements qui s'occupent plus spécialement de l'industrie des soies. (C. B.)

complets. Je crus devoir prier M. le Ministre du commerce et de l'agriculture de faire traduire deux chapitres d'un grand ouvrage chinois, qui traitent cette double question d'une manière neuve et approfondie [1].

M. le Ministre du commerce a senti toute l'importance d'une publication destinée à améliorer une de nos plus riches branches d'industrie, et, afin de lui prouver toute sa sollicitude, il s'est empressé de faire imprimer aux frais du Gouvernement la traduction de l'ouvrage chinois, pour le distribuer ensuite aux éleveurs et aux agronomes, qui y puiseront les germes d'expériences nouvelles et d'utiles perfectionnements. Pour s'assurer si les pratiques contenues dans ce traité se sont améliorées depuis sa publication, qui remonte à près d'un siècle, M. Martin (du Nord) a eu l'heureuse idée de faire parvenir une copie de la traduction manuscrite à M. Louis Hébert, l'un de mes élèves, que le Gouvernement a envoyé, il y a un an, sur les côtes de la Chine, dans le but spécial d'étudier les méthodes de ces contrées, et de rapporter de précieuses variétés de mûriers et de vers à soie qui nous sont inconnues.

Cette traduction a été confiée à M. Stanislas Julien, membre de l'Institut et professeur de langue et de littérature chinoises au collége de France. Elle offrait d'immenses difficultés à un homme qui, par ses habitudes littéraires, se trouvait complétement étranger aux procédés qu'il avait à décrire, et qui rencontrait pour la première fois la plupart

---

[1] La traduction du Traité de l'éducation des vers à soie a été faite en vertu d'une décision de M. Passy, du 23 août 1836. C'est M. Martin (du Nord), Ministre actuel du commerce et de l'agriculture, qui a chargé M. St. Julien de traduire le Traité de la culture des mûriers. (C. B.)

des termes techniques qui servent à les exprimer. Les éleveurs et les agronomes reconnaîtront sans peine tout ce qu'il a fallu à M. Julien de patience et de sagacité pour entrer aussi intimement dans son sujet, et en exposer tous les détails avec une clarté et une précision qu'on ne pouvait guère attendre que d'une personne versée dans cette industrie.

Le texte de cette traduction fait partie d'un grand et magnifique Recueil d'agriculture, publié par l'ordre de l'empereur, où l'on donne un résumé des ouvrages les plus répandus, qui traitent de la culture des mûriers et de l'éducation des vers à soie. Les rédacteurs se sont bornés à rapporter fidèlement les différents procédés usités en Chine, sans chercher à faire ressortir ceux qui leur paraissaient les meilleurs, ou à expliquer les contradictions qu'on y remarque quelquefois. On excusera aisément ces contradictions apparentes, en songeant que les auteurs de cet ouvrage ont voulu faire connaître les méthodes des diverses provinces, méthodes qui sont nécessairement subordonnées aux besoins de chaque localité, aux progrès de ses habitants et à la différence des climats.

Qu'il me soit permis, en terminant ces réflexions, d'appeler l'attention des lecteurs sur quelques points importants de l'ouvrage chinois; par exemple, sur la manière de faire pondre les papillons et de conserver la graine, et sur les moyens employés pour obtenir une éclosion simultanée. Je signalerai, d'après la même autorité, les effets désastreux qui résultent de l'introduction subite de l'air froid et humide dans un atelier dont la température est élevée, ainsi que l'influence mortelle qu'exerce la fermentation des feuilles sur la santé des vers à soie. J'ajouterai un dernier fait, pour donner en peu de mots une idée de la supériorité incontestable des méthodes des Chinois sur celles des Européens, c'est *qu'ils perdent à peine un ver à soie sur cent*, tandis que chez nous *la mortalité dépasse de beaucoup cinquante pour cent!*

Camille BEAUVAIS.

AVERTISSEMENT

DU TRADUCTEUR.

Etranger à l'industrie sérigène [1] et à la science de l'agriculture, il ne m'appartient pas, surtout après l'Introduction de
M. Camille Beauvais, de parler des avantages pratiques que peut
offrir l'ouvrage chinois dont je publie aujourd'hui la traduction.

Je me bornerai à présenter aux lecteurs quelques détails pu-
rement littéraires, dont quelques-uns ne seront peut-être pas

---

[1] Pour caractériser l'industrie qui prend sa source dans le travail des vers
à soie, on a créé dans ces derniers temps plusieurs épithètes dérivées du
grec ou du latin, dont l'inexactitude était le moindre défaut. M. Henry
Bourdon y a substitué avec raison le mot *séricifère* (qui produit la soie). Sans
blâmer l'expression employée par ce jeune savant, je prends la liberté de pro-
poser à mon tour l'épithète *sérigène* (né des vers à soie, produit par les vers
à soie). Elle est plus concise, et peut qualifier avec assez de justesse l'industrie qui fait l'objet de cette traduction. En effet, le mot grec Σὴρ (*sèr*)
signifie *la chenille qui produit la soie.* Σήρ· σκώληξ γεννῶν τὸ σηρίκον : *Vermis
qui producit sericum filum.* (Dictionnaire grec d'Hesychius, pag. 1176.) Le
pluriel Σῆρες se trouve avec le même sens dans les lettres de l'empereur
Julien (*Epist.* 24) : Οἱ περσικοὶ σῆρες : *Persici bombyces seu vermes qui serica
fila nent.* (Voyez le grand Dictionnaire d'Henry Estienne, édition de Londres,
au mot Σῆρες).

La terminaison *gène*, signifie *né de, engendré, produit par.* Elle tire ce sens
du grec γενής (dans les adjectifs composés). Il me suffira de citer ici l'exemple
Διογενὴς Ὀδυσσεὺς, *Ulysse issu de Jupiter* (Homère, *Odyssée,* liv. v, vers 203.)
Ainsi, d'après l'étymologie grecque, l'expression *industrie sérigène,* signifie
exactement *industrie née des vers à soie, produite par le* (travail du) *ver à soie.*

sans intérêt. Les Chinois, dont la littérature est la plus riche qui existe au monde, possèdent plusieurs centaines d'ouvrages sur l'agriculture, qui, chez eux, comprend toujours l'*Éducation des vers à soie* et *la Culture des mûriers*. Ils ont aussi des traités particuliers, comme le *Tsan-chou*, le *Tsan-king* (livres des vers à soie); le *Nan-fang-tsan-chou*, Méthode usitée dans le midi; le *Pé-fang-tsan-chou*, Méthode usitée dans le nord de la Chine; le *I-sang-tsong-lun*, Considérations générales sur la culture des mûriers, etc. Mais, parmi les douze mille volumes chinois que possède la Bibliothèque royale, il n'y a que trois ouvrages qui traitent, d'une manière plus ou moins étendue, de la double question qui nous occupe. Le premier est une petite encyclopédie des arts et métiers en 3 vol. in-8°, intitulée *Thien-kong-khaï-we*, dont la seconde édition a paru en 1636. On y trouve des procédés fort succincts que des personnes compétentes ont jugés pleins d'intérêt. Je les ai donnés la plupart dans le Supplément (p. 187-169). Le second ouvrage se trouve dans un recueil d'agriculture en soixante livres, intitulé *Nong-tching-tsiouen-chou*. Il a été composé par *Siu-kouang-ki* qui, après avoir obtenu le grade de docteur, occupa successivement les charges les plus éminentes, et devint précepteur du fils aîné de l'empereur. Nous voyons dans sa biographie[1] que, dans la 35e année du règne de Chin-tsong (1607), il reçut les leçons d'un savant européen nommé *Li-ma-teou* (le célèbre missionnaire Mathieu Ricci), et qu'il étudia sous sa direction l'astronomie, les mathématiques, dans leur application au calendrier chinois, et la théorie des armes à feu. L'empereur *Ssé-tsong* ayant appris que *Siu-kouang*, qui venait de mourir, avait laissé un grand ouvrage sur l'agriculture, intitulé *Nong-tching-tsiouen-chou*, se le fit présenter par

---

[1] *Ming-ssé* (Annales de la dynastie des *Ming*), liv. ccli, fol. 15; édition impériale des vingt-quatre historiens du premier ordre, en 700 volumes petit in-folio, *Péking*, 1739.

le neveu de l'auteur, et ordonna qu'il fût imprimé aux frais de l'état.

Le troisième ouvrage est intitulé *King-ting-cheou-chi-thong-khao*, ou Examen général de l'Agriculture, rédigé par ordre de l'empereur. Il est deux fois plus étendu que le recueil précédent, et se compose de lxxviii livres répartis en 24 volumes petit in-fol., imprimés avec tout le soin et l'élégance qui distinguent les éditions impériales. Sa rédaction entreprise cent ans après (en 1739), en vertu d'un décret spécial, par des lettrés du premier ordre, aidés des agriculteurs les plus habiles de l'empire, lui donne une haute importance. L'étendue de cet ouvrage, son caractère officiel et sa date récente, si on la compare aux deux recueils mentionnés plus haut, m'ont décidé à en extraire les Traités *de la Culture des mûriers* et *de l'Éducation des vers à soie*, dont M. le Ministre du commerce avait bien voulu me confier la traduction.

Si je ne craignais de m'écarter de mon sujet, je ferais connaître tous les objets qu'embrasse cette encyclopédie d'agriculture. Je me contenterai de dire qu'on y trouve (liv. xxi-xl) un traité complet des plantes légumineuses, des céréales, et en particulier de la culture du riz, accompagné d'une multitude de figures gravées avec soin, dont plus de cent représentent les instruments aratoires des Chinois, et les machines dont ils font usage pour l'irrigation des champs. La partie que j'ai traduite occupe les livres lxxii-lxxvi.

Les lecteurs pourront se faire une idée de l'immense richesse de la littérature chinoise, en apprenant que le recueil d'agriculture intitulé *Cheou-chi-thong-kao*, d'où est extraite ma traduction, fait partie d'une Bibliothèque des ouvrages les plus estimés en Chine, dont l'exécution fut ordonnée en 1773 par l'empereur *Khien-long*, et qui, suivant le décret de ce prince, se composera de *cent soixante mille volumes*. Cette collection doit former quatre bibliothèques appelées *Sse-kou*, ou les *quatre Trésors*. On continue encore à l'imprimer, et en 1818 il avait déjà paru soixante-dix-huit mille six cent vingt-sept volumes de cette vaste collection [1]. On en a publié par ordre de

[1] Voici le tableau des divisions bibliographiques dans lesquelles sont distribués ces 78,627 volumes.

OUVRAGES CLASSIQUES OU REGARDÉS COMME SACRÉS.
(KING.)

NOTA. Les chiffres qui suivent chaque article indiquent le nombre des volumes contenus dans tous les ouvrages compris dans cette division. La première, relative à l'*I-king*, embrasse 1526 ouvrages différents.

Le Livre des Variations (*I-King*)	1,750 vol.
Le Livre des Annales (*Chou-King*)	661
Le Livre des Chants (*Chi-King*)	951
Le Livre des Mœurs et Usages (*Li-King*), c'est-à-dire les trois Rituels intitulés *Tcheou-li*, *I-li* et *Li-ki*	2,168
La Chronique du royaume de Lou	1,818
Le Livre de la Piété filiale (*Hiao-King*)	17
Ouvrages relatifs à l'interprétation des *King*	717

LES QUATRE LIVRES CLASSIQUES.

La grande Doctrine, l'Invariable milieu, les Entretiens de Confucius et le Philosophe *Meng-tseu*	732
Ouvrages sur la musique	482
Livres élémentaires	913

OUVRAGES HISTORIQUES.

Recueils des Histoires de toutes les dynasties	3,681
Annales par ordre chronologique	2,066
Histoires générales	1,205
Histoires particulières	1,485
Recueils des ordonnances et des décisions impériales	1,474
Biographies	949
Documents historiques	18
Descriptions de districts particuliers	389
Chronologie	29
Géographie et relations de voyages, descriptions de pays étrangers	4,788

l'empereur deux catalogues raisonnés, l'un très-abrégé en quinze
petits volumes in-12 (*Péking*, 1775), et l'autre fort étendu en
cent trente-huit volumes in-8° (*Péking*, 1782).

J'ai cru faire plaisir à la plupart des lecteurs en leur présen-
tant un *Spécimen* du texte chinois, accompagné d'une traduction aussi littérale que possible. Les savants qui comprennent la
langue chinoise pourront, en y jetant les yeux, se faire une idée

Administration et Gouvernement..........................	392 vol.
Institutions politiques, lois et édits....................	3,785
Bibliographie et inscriptions...........................	700
Critique d'histoires particulières........................	382

RELIGION, PHILOSOPHIE ET AUTRES SCIENCES.

École de Confucius (Philosophes de l')................	1,694
Science militaire..	153
Jurisprudence...	94
Agriculture...	195
Médecine...	1,813
Astronomie et Arithmétique............................	643
Physique, Physiognomonie, Astrologie..................	432
Peinture, Musique, Imprimerie, Danse..................	1,658
Histoire naturelle, Diététique, etc.....................	363
Mélanges...	9,200
Écrits d'un ordre inférieur, comme histoires merveilleuses.	1,358
Ouvrages bouddhiques..................................	32
Ouvrages de la secte des *Tao-ssé*.....................	442
Poëmes de divers genres et Recueils littéraires..........	28,998
TOTAL GÉNÉRAL............	78,627 vol.

Ces détails sont empruntés en partie au Journal Asiatique de Paris (juillet
1834, p. 64 sq.). Il m'eût été aisé de traduire, dans le grand Catalogue impérial,
les titres des autres divisions bibliographiques, en y ajoutant les nombres qui
complètent la collection des 160,000 volumes; mais j'ai pensé que cette Notice,
tout incomplète qu'elle est, donnerait une idée suffisante de l'étendue de
la littérature chinoise, et des ressources et matériaux de tout genre qu'elle
offre aux personnes qui la cultivent en Europe.

du système que j'ai suivi et de la fidélité rigoureuse que je me suis imposée.

Si la traduction de cet ouvrage eût été exécutée à Péking, par quelque missionnaire entouré de secours de tous genres, et aidé des lumières des Chinois lettrés, qu'aucune difficulté ne saurait jamais arrêter, elle serait aussi irréprochable, aussi parfaite que celle d'un ouvrage anglais rédigée à Londres, avec l'assistance des hommes les plus éclairés de la Grande-Bretagne.

La position d'un sinologue en Europe est loin d'être aussi avantageuse que celle de ces anciens missionnaires de *Péking*, à qui nous devons de si utiles travaux. Il faut qu'il lutte à chaque instant, et presque sans secours, contre les difficultés de la plus vaste et de la plus compliquée de toutes les langues. Les obstacles se multiplient à l'infini, si le texte qu'il traduit est rempli de termes et de détails techniques, et si les difficultés d'un sujet qui lui est étranger viennent se joindre aux difficultés de la langue.

Telles sont les difficultés que j'ai rencontrées dans le cours de ma traduction. J'ose espérer qu'elles serviront d'excuse aux fautes qui ont pu m'échapper, et qu'elles me donneront quelques titres à l'indulgence des gens du monde et des savants.

Paris, 15 mars 1837.

STANISLAS JULIEN.

NOTE

SUR

LA TEMPÉRATURE DE LA CHINE[1].

On a pensé qu'il convenait de joindre à cette publication quelques renseignements sur la température de la Chine, pour montrer dans quelles conditions physiques les Chinois se trouvent placés pour la culture des mûriers et l'éducation des vers à soie : tel est l'objet de la note suivante,

La Chine s'étend depuis le 22° jusqu'au 41° degré de latitude boréale ; et, d'après cette situation voisine du tropique, la température moyenne de cette vaste contrée semblerait devoir être supérieure à celle du midi de l'Europe, qui s'arrête au 36° degré de latitude ; mais, dans son Mémoire sur les lignes isothermes ou sur la distribution de la chaleur à la surface du globe (société d'Arcueil, tom. III), M. de Humboldt a montré, d'après un grand nombre d'observations, qu'à latitude égale la température moyenne était beaucoup plus élevée en Europe et en Afrique qu'en Asie et en Amérique. Ainsi, pour nous borner ici à la Chine, les observations des missionnaires et autres voyageurs ont fixé la température moyenne de *Péking* à 12°,7 centi-

---

[1] Je dois la note qu'on va lire à l'obligeance de M. Édouard Biot, que j'ai l'avantage de compter parmi mes élèves. M. le Ministre du commerce ayant désiré que je joignisse à ma traduction quelques renseignements sur la température de la Chine, il a bien voulu m'offrir le résultat des recherches qu'il a faites à ce sujet. Je les ai acceptées avec empressement, convaincu que ses connaissances scientifiques lui fournissaient le moyen de donner à ces déterminations toute l'exactitude que les observations recueillies par les voyageurs permettaient d'obtenir.

grades; celle de *Nangasaki*, au Japon, à 16°; celle de *Macao*, à 23°,3; celle de *Canton*, à 22°9; et, si l'on cherche les villes d'Europe et d'Afrique dont la température est analogue à celle de ces quatre villes, on aura le tableau suivant :

Asie.	Latitude.	Température moyenne.	Europe et Afrique.	Latitude.	Température moyenne.
Péking.	39° 54′	+12°,7	Paris.	48° 50′	+10°, 6
			Lyon.	45° 40′	+13°, 2
			Montpellier.	43° 36′	+15°, 2
Nangasaki.	32° 45′	+16°,0	Toulon.	43° 7′	+15°, 8
			Rome.	41° 53′	+15°, 8
			Naples.	40° 50′	+17°, 4
Canton.	23° 8′	+22°,9	Alger.	36° 58′	+21°, 1
Macao.	22° 12′	+23°,0	Caire.	30° 2′	+22°, 4

De cette comparaison, on peut conclure que la température moyenne de Péking et du nord de la Chine est sensiblement égale à celle de Lyon, et plus élevée que celle de Paris de 2° seulement. Les provinces centrales de la Chine entre le fleuve Jaune et le *Kiang*, étant situées sous des latitudes peu différentes de celle de *Nangasaki*, leur température moyenne doit être de 15 à 16 degrés ou environ, celle de notre Provence. La température moyenne de *Macao* et de *Canton* est plus élevée de 2° seulement que celle d'Alger, dont la position géographique est plus boréale de 15°. Elle se rapproche de celle du Caire, qui est situé par 30° de latitude, et qui se trouve encore plus boréal de 7 à 8° que les deux villes chinoises.

Mais il faut observer, avec M. de Humboldt, que la température de l'hiver et celle de l'été paraissent différer beaucoup plus en Asie et en Amérique qu'en Europe et en Afrique. Ainsi, à *Péking*, d'après Amyot qui y observa pendant six années, la température moyenne du mois le plus chaud est +29°,1; l'été est semblable à celui de Naples, tandis que la température moyenne du mois le plus froid est —4°, et le thermomètre y reste pendant trois mois au-dessous de zéro, comme à Copenhague, plus boréal que *Péking* de 15° en latitude. D'après les Hollandais, à *Nangasaki*, par 32° de latitude, la température du mois le plus chaud est +30°,5, comme au Caire, situé par 30°;

et la température du mois le plus froid est de 5 à 8 degrés au-dessus
de zéro ; quelquefois le thermomètre descend jusqu'à — 3°, résultats
qui correspondent aux hivers de Marseille, située par 43° de latitude. A
Macao, par 22° de latitude, La Pérouse a trouvé +15°,5 pour la température moyenne de janvier, ce qui s'observe également à Alger, bien
plus boréal que *Macao* ; et, la température moyenne de la ville chinoise
étant supérieure de 2° à celle d'Alger, l'été doit y être sensiblement
plus chaud.

Les observations récentes confirment ces variations entre les températures de l'été et de l'hiver à la Chine. Ainsi, en 1816, pendant
le retour de l'ambassade de lord Amherst, une série d'observations
thermométriques faites au mois de septembre entre les 38° et 35° degrés de latitude, donne 23°,58 pour la température moyenne de ce
mois, ce qui se remarque également dans notre Provence. En 1820,
Timkowski, dans la Mongolie, par 40 à 45 degrés de latitude, voyait,
aux mois d'octobre et de novembre, le thermomètre descendre à 10 et
15 degrés au-dessous de zéro. Un missionnaire français établi en 1833
dans la Tartarie orientale, à *Si-wang,* par 41°39′ de latitude, rapporte des
différences extraordinaires entre les températures de l'été et de l'hiver.
Suivant lui, le thermomètre s'élève jusqu'à 37°,5 centigrades en été, et
descend jusqu'à 37°,5 au-dessous de zéro en hiver. « Pendant cette der-
« nière saison, l'esprit-de-vin seul restait liquide, et, lorsqu'on touchait
« un métal avec les mains moites, l'épiderme des doigts y demeurait
« attaché. [1] » Enfin un renseignement utile, sur la température des
provinces centrales, nous est fourni par un missionnaire qui a vécu
dix ans en Chine, et qui fixe au 30° degré de latitude la limite de la
culture des orangers, tandis que nous avons des orangers, en Provence, par 43°.

D'après les données fournies par les textes originaux sur les pro-
ductions des diverses provinces de la Chine, et d'après les rapports
des missionnaires, la majeure partie de la soie est produite dans les
provinces centrales de la Chine situées du 25° au 35° degré de latitude ;
et il est bien établi par les observations précédentes que la température
moyenne de ces provinces centrales diffère peu de celle de notre Pro-

---

[1] Annales de la Propagation de la foi, n°ˢ XL et L.

vence : les hivers y sont un peu moins doux, et les étés y sont plus chauds.

Les citations consignées au commencement de la présente traduction indiquent que l'industrie de la soie s'est étendue, dès l'antiquité, dans les provinces du nord de la Chine, et on peut présumer qu'elle n'y est point entièrement abandonnée aujourd'hui. Ces provinces sont, comme nous l'avons vu, soumises à des alternatives singulières de froid et de chaud ; mais l'éducation des vers à soie commence en avril, et, à cette époque de l'année, l'air est déjà assez échauffé pour permettre de les élever dans toute la Chine. Leur développement peut encore être aidé par le chauffage artificiel décrit dans l'ouvrage. Le froid des hivers, dans ces mêmes provinces, semble bien rigoureux pour que les mûriers ne gèlent pas ; mais nous ne connaissons pas toutes les espèces de mûriers que peuvent avoir les Chinois. Lorsqu'on les aura reçues par les soins de M. Louis Hébert, que le Gouvernement a envoyé l'an passé en Chine, il est permis d'espérer qu'elles réussiront en France, et qu'elles pourront résister aux froids de nos climats.

SPÉCIMEN DU TEXTE CHINOIS

ACCOMPAGNÉ D'UNE VERSION LITTÉRALE [1].

Les Chinois n'ont point de caractères mobiles ; ils impriment avec des planches en bois , gravées en relief, qui servent comme des planches stéréotypes. La finesse du papier les empêchant d'imprimer des deux côtés, les titres courants se plient en deux parties égales, et pour les lire on est souvent obligé de dédoubler le feuillet. Les livres chinois commencent où les nôtres finissent , et les lignes sont rangées en colonnes verticales qui partent du sommet et vont de droite à gauche. Afin qu'on puisse saisir, au premier coup d'œil, cette disposition particulière de l'écriture chinoise, j'ai numéroté les lignes des deux pages depuis la 1ᵐ jusqu'à la 16ᵉ, et les mots depuis 1 jusqu'à 255. Un large zéro indique le commencement du *Spécimen,* qui répond à la page 118, ligne 23, de la traduction française.

Le grand titre, *Kin-ting-cheou-chi-thong-khao,* qui se trouve plié en deux au bord de la marge, signifie : Examen général de l'Agriculture, rédigé par ordre de l'empereur (mot à mot : respectueusement fixé, arrêté).

Les quatre mots de la ligne 9 (*Nong-ssé-pi-yong,* c'est-à-dire lettré, laboureur, nécessairement, employer) forment un titre d'ouvrage qui peut se traduire par : Recueil des connaissances indispensables aux lettrés et aux cultivateurs.

Les lecteurs seront sans doute frappés de la nature elliptique de la langue chinoise, dont les mots , qui sont tous monosyllabiques , n'ont aucune terminaison qui indique les genres , les cas et les nombres des substantifs, les voix, les temps et les personnes des verbes ; mais cette absence complète de désinences grammaticales est une des moindres difficultés de la langue chinoise.

On ne doit pas couper le feuillet double du texte, ni celui de la traduction mot à mot, qui sont imprimés et pliés à la manière chinoise.

○大眠起煗宜頻除蠶宜頻飼或正南風
起將門窗簾薦放下此際不宜抬解箔上。
布蠶須相去一指布蠶一箇取臘月所藏
菉豆水微浸生芽曬乾磨作細麵臘月所
須用米蒸熟作份飰可篩四頓牧食半葉
四十八頓第二日飼至三十頓葉微加厚。
第三日飼至二十餘頓又稍加厚宜極暖

○大眠起煖宜頻除蠶宜頻飼或正南風

起將門窗簾薦放下此際不宜抬解落上。

布蠶須相去一指布蠶一箇取臘月所藏

菉豆水微浸生芽曬乾磨作細麵臘月所

藏白米蒸熟作粉亦可第四頓收食拌藥

匀飼解蠶熱毒絲多易繰堅韌有色如藥

少去秋所收桑葉再搗為末水灑新葉微

濕摻末拌匀接闕飼蠶又萵苣亦可接。

〔十農必用〕飼蟻之法當宿澆其桑旋摘其

葉宿澆則多液旋摘則不乾利刃以細切

之疎篩以薄布之非利刃則無液非細切

則蓋蠶非篩則不匀非匀則偏食然葉渣

之微液不能久存少頃之間即成枯潤故

須旋切而頻篩也第一日飼一復將可至

四十八頓第二日飼至三十頓葉微加厚。

第三日飼至二十餘頓又稍加厚宜極暖

16	15	5	4	3	2	1
240 ème { troisième.	224 quatre { 48	64 réserver	48 lo } pois verts.	32 répandre	16 s'élever	O
241 trois	225 dix	65 blanc	49 teou	33 ver à soie	17 prendre	1 grand
242 jour	226 huit	66 riz	50 eau	34 nécessaire	18 porte	2 dormir
243 nourrir	227 repas	67 exposer la vapeur	51 un peu	35 mutuellement	19 fenêtre	3 se lever
244 parvenir	228 ème { second.	68 cuire	52 tremper	36 être éloigné	20 store	4 chaleur interne
245 deux { vingt.	229 deux	69 faire	53 produire	37 un	21 paillasson	5 falloir
246 dix	230 jour	70 farine	54 germe	38 doigt	22 lâcher	6 constamment
247 environ	231 nourrir	71 aussi	55 exposer au soleil	39 répandre	23 en bas	7 expulser
248 repas	232 parvenir	72 pouvoir	56 sécher	40 ver à soie	24 ce	8 ver à soie
249 en outre	233 trois { 50.	73 trois { quatrième.	57 moudre	41 un	25 moment	9 falloir
250 un peu	234 dix	74 quatre	58 faire	42 seul	26 pas	10 constamment
251 ajouter	235 repas	75 repas	59 fin	43 prendre	27 falloir	11 nourrir
252 épais	236 feuille	76 ecueillir	60 farine	44 dernière	28 porter	12 par hasard
253 falloir	237 un peu	77 manger	61 dernière	45 lune	29 détacher	13 droit
254 extrême	238 ajouter	78 épandre	62 lune	46 que	30 claie	14 sud
255 chaud	239 épais	79 feuille	63 que	47 réserver	31 sur	15 vent

16	15	14	13	12	11	10	9	TITRE COURANT	8	7	6	5	4	3	2	1
240 (troisième)	224 quatre	208 nécessaire	192 de	176 alors	160 cela	144 feuille	128 lettre	reapercer	112 humide	96 peu	80 égal	64 réserver	48 le (tous ceux)	32 répandre	16 s'élever	0
241 trois	225 dix (30)	209 de suite	193 modique	177 couvrir	161 écarté	145 nuit	129 laboureur	fixer (titre d'ouvrage)	113 prendre avec la main	97 porter passer	81 mourir	65 blanc	49 trou	33 ver à soie	17 prendre	1 grand
242 jour	226 huit	210 couper	194 sac	178 ver à soie	162 tamis	146 arroser	130 nécessairement	donner	114 poudre	98 automne	82 dissiper	66 riz	50 eau	34 nécessaire	18 porte	2 dormir
243 nourrir	227 repas	211 et	195 pas	179 pas	163 jour	147 alors	131 employer	temps (agriculteurs)	115 répondre	99 que	83 ver à soie	67 exposer à la vapeur	51 au pas	35 mutuellement	19 fenêtre	3 se lever
244 parvenir	228 (samedi)	212 constamment	196 pouvoir	180 tamis	164 mûres	148 beaucoup	132 nourrir	général	116 égal	100 recueillir	84 chaud chaleur	68 cuire	52 trempes	36 être éloigné	20 store	4 chaleur interne
245 deux (vingt)	229 deux	213 remis (remiser)	197 longtemps	181 alors	165 répandre	149 sec	133 fourmi c'est-à-dire ver à soie naissant	examen	117 suppléer	101 mûrier	85 poison	69 faire	53 produire	37 un	21 paillasson	5 falloir
246 dix	230 jour	214 particule feudé	198 se conserver	182 pas	166 cela	150 de suite	134 de		118 manquer	102 feuille	86 soie	70 farine	54 germe	38 doigt	22 lâcher	6 constamment
247 environ	231 nourrir	215 hier (premier)	199 petit	183 égal	167 par	151 cueillir	135 manière	LIVRE	119 nourrir	103 de nouveau	87 beaucoup	71 aussi	55 exposer au soleil	39 répandre	23 en bas	7 épuiser
248 repas	232 parvenir	216 an	200 moment	184 pas	168 tranchant	152 alors	136 falloir	10 } 75	120 ver à soie	104 piler	88 facile	72 pouvoir	56 sécher	40 ver à soie	24 se	8 ver à soie
249 en outre	233 trois	217 jour	201 de	185 égal	169 lame	153 pas	137 naif	ver à soie / affaire	121 en outre	105 faire	89 décider	73 lent (quatrième)	57 moindre	41 ha	25 moment	9 falloir
250 un peu	234 dix	218 nourrir	202 dans l'intervalle	186 alors	170 alors	154 se sécher	138 arroser		122 une (de plante)	106 poudre	90 ferme	74 quatre	58 faire	42 seul	26 pas	10 constamment
251 ajouter	235 repas	219 un (un jour et sans pain)	203 aussitôt	187 partiel	171 ne pas avoir	155 tranchant	139 seu		123 les (de plante n.2)	107 eau	91 fort et souple	75 repas	59 fin	43 prendre	27 falloir	11 nourrir
252 épais	236 feuille	220 revenir	204 devenir	188 manger	172 sac	156 lame	140 mûrier	alimenter / nourrir	124 aussi	108 humecter	92 avoir	76 recueillir	60 farine	44 dernière	28 porter	12 par hasard
253 falloir	237 un peu	221 temps	205 sec	189 mais	173 pas	157 pour	141 de suite		125 pouvoir	109 nouveau	93 couleur (éclat)	77 manger	61 dernière	45 lune	29 détacher	13 droit
254 cuirène	238 ajouter	222 pouvoir	206 terl	190 feuille	174 noms	158 menu	142 cueillir	(page) 8	126 suppléer	110 feuille	94 si	78 répandre	62 laine	46 que	30 clair	14 cuit
255 chaud	239 épais	223 parvenir	207 cerne	191 débris	175 couper	159 couper	143 son			111 un peu	95 feuille	79 feuille	63 que	47 réserver	31 sur	15 vent

CULTURE

DES MURIERS.

CULTURE
DES MURIERS.

OBSERVATIONS GÉNÉRALES.

Tchin-iu, étant gouverneur de l'arrondissement de *Kien-té*, ordonna que chaque homme du peuple plantât quinze pieds de mûriers. (Annales de la dynastie des *Liang*; Biographie de *Tchin-iu.*)

L'empereur donna à chaque homme vingt arpents de terre, à la condition de planter cinquante pieds de mûriers. (Annales de la dynastie des *Weï*; Mémoires sur les Vivres et le Commerce.)

Quand les travaux de l'agriculture sont terminés, ou dans les jours où la pluie ne permet pas de travailler aux champs, il faut enseigner aux hommes tout ce qui est relatif à la culture des mûriers. (Annales de la Chine septentrionale, Biographie de *Sou-tcho*.)

———

L'empereur *Hien-tsong* (qui monta sur le trône l'an 806) ordonna que tous les habitants des campagnes plantassent deux pieds de mûriers dans chaque arpent de terre. (Annales de la dynastie des *Thang*, Vie de l'empereur *Hien-tsong*.)

———

Le premier empereur de la dynastie des *Song* (qui commença à régner l'an 960) rendit un décret pour empêcher d'abattre les mûriers et les jujubiers. (Les feuilles de cet arbre peuvent servir à nourrir les vers à soie.) (Histoire de la dynastie des *Song*.)

———

Un décret impérial portait :

Si, parmi le peuple, il se trouve des hommes qui défrichent des terres incultes, et plantent une grande quantité de mûriers, on n'exigera d'eux que l'ancienne taxe. (Extrait du même ouvrage.)

———

DES DIFFÉRENTES ESPÈCES DE MURIERS.

1° Les petits mûriers (les mûriers nains), qui ont de longues branches, s'appellent *niu-sang* (mûriers des femmes) et *i-sang*. (Dictionnaire *Eul-ya*.)

2° Le *yen-sang* ou *chan-sang* est le mûrier sauvage, le mûrier de montagne. (Même ouvrage.)

3° Le *tseu-sang* ou mûrier à graines; son fruit pousse avant ses feuilles. (Encyclopédie japonaise, liv. LXXXIV, fol. 1.)

4° Le mûrier appelé *khi-sang* (c'est-à-dire, mûrier des poules); ses feuilles sont veinées de rouge; elles ont peu d'épaisseur. Les vers à soie qui s'en nourrissent donnent un cocon mince qui fournit peu de soie. (*Tchong-chou-chou*.)

5° Le mûrier blanc. Il donne des feuilles épaisses qui sont larges comme la main. Les cocons des vers qui s'en nourrissent renferment une soie forte et abondante. Cette feuille fournit deux fois plus de soie que celle des mûriers ordinaires. (*Ibidem*.)

6° Le mûrier dont les feuilles sont plissées et couvertes d'une pellicule jaune s'appelle *kin-sang* ou mûrier doré. Tous les vers à soie ne peuvent se nourrir de ses feuilles, dont la couleur annonce que l'arbre ne tardera pas à se dessécher et à périr. (*Ibidem*.)

Il y a des mûriers qui ne produisent pas de fruits;

on les appelle vulgairement *nan-sang* ou mûriers mâles.
(Encyclopédie japonaise.)

Les mûriers dont le fruit pousse avant la feuille
donnent nécessairement très-peu de feuilles. (*Tchong-chou-chou.*)

Pour semer des mûriers, on prend des fruits du
mûrier noir de *Lou*. Les mûriers jaunes du pays de
Lou ne peuvent se conserver longtemps. (*Thsi-min-yao-chou.*)

Les mûriers du pays de *Khing* (ancien nom de la
province de *Hou-kouang*) et du pays de *Lou* peuvent se
planter dans les plaines unies où la terre est grasse et
argileuse, aussi bien que dans les terres légères. Si
un terrain touche à une montagne ou à une colline,
et qu'il soit dur et mêlé de veines rouges, il ne convient
qu'aux mûriers du pays de *Khing*. (*Nong-sang-yao-tchi.*)

Les différentes espèces de mûriers sont fort nombreuses; nous ne pouvons les décrire toutes.

Les plus estimés sont ceux du pays de *Lou* et du pays de *Khing*. Les mûriers de *Khing* donnent une grande quantité de fruits, mais ceux de *Lou* n'en donnent que fort peu. Ceux dont les feuilles sont minces, pointues et partagées en lobes, sont les mûriers du pays de *Khing*. Ces sortes de mûriers ont des feuilles fermes et dures.

Les mûriers du pays de *Lou* ont des feuilles arrondies, épaisses et remplies de suc.

Les mûriers dont les branches et les feuilles sont grosses et épaisses sont tous de l'espèce de ceux de *Lou*.

Les mûriers de *Khing* ont des racines solides et le cœur plein; ils peuvent durer fort longtemps. Ce sont ceux qu'il faut planter.

Les mûriers de *Lou* ont des racines peu solides, et leur cœur n'est pas plein; ils ne peuvent durer longtemps. On en fait des mûriers appelés *ti-sang* (des mûriers nains); mais les mûriers de *Khing* n'ont ni autant de branches ni autant de feuilles que ceux de *Lou*. Il faut y greffer des branches de mûriers de *Lou*; ils peuvent alors vivre fort longtemps et donner une grande abondance de feuilles.

Si l'on emploie les mûriers de *Lou* pour obtenir l'espèce de mûriers appelés *ti-sang* (mûriers nains), et qu'on les reproduise par marcottes, ils se perpétueront sans interruption et dureront un temps infini.

Les vers à soie qu'on nourrit avec les feuilles du

mûrier de *Khing* donnent une soie ferme et forte ; elle est propre à faire du *cha* et du *lo-cha* (espèces de gaze et de crêpe qui ont du corps).

Les feuilles du mûrier de *Lou* conviennent à la nourriture des vers qui sont déjà grands ; celles du mûrier de *Khing* conviennent aux vers qui sont encore petits. (*Nong-sang-thong-kioué.*)

L'ouvrage intitulé *Thsi-min-yao-chou* indique la manière d'obtenir la meilleure graine de mûres noires.

On retranche avec des ciseaux les deux bouts de la mûre, et l'on prend seulement la partie du milieu. Les graines des deux extrémités sont comparativement plus petites que les autres, et, si on les sème, elles produisent des mûriers chétifs appelés *khi-sang* (mûriers des poules) et *hoa-sang* (mûriers à fleurs).

La partie intermédiaire de la mûre donne des graines plus dures et plus grosses. Les mûriers qui en proviennent ont les branches plus fermes et plus fortes, et ils donnent des feuilles épaisses et nourrissantes. (*Nong-sang-thong-khioué.*)

Les mûriers appelés *ti-sang* (les mûriers nains) doivent être plantés dans un jardin voisin d'un puits.

S'il pousse des herbes autour du pied, on retourne la terre avec la bêche. Lorsqu'il ne pleut pas, on arrose. Quand les vers à soie sont nés, on doit arroser trois fois par jour; les feuilles croîtront promptement.

Parmi les différentes espèces de mûriers, il y en a qui poussent de bonne heure et d'autres qui poussent tard. C'est parmi les mûriers précoces qu'on doit choisir ceux dont on veut faire des mûriers appelés *ti-sang* ou mûriers nains. (*Nong-tching-tsiouen-chou.*)

———

On lit dans l'ouvrage intitulé *Tchong-hoa-min* : Il y a deux espèces de mûriers : l'une donne des fruits dont on sème la graine; elle pousse dans le premier ou le second mois (février ou mars).

Voici comment on multiplie l'autre espèce. On abaisse jusqu'à terre une branche souple, et on la maintient dans cette position avec une motte de terre glaise. Chaque œil donne naissance à une branche. Quand ce mûrier a atteint la hauteur de deux ou trois pieds, ses racines sont déjà formées. On coupe la branche mère à laquelle il tient, et on le transplante dans un autre endroit. Il devient bientôt un arbre. (Même ouvrage.)

———

On lit dans le Mémoire de *Hoang-sing-tseng*, intitulé *Considérations générales sur la culture des mûriers :*

Il y a des mûriers appelés *ti-sang* (mûriers nains); ils viennent de *Nan-tsin*. Il y a des mûriers appelés *thiao-sang*, ou mûriers provenant de branches; on les apporte des plaines voisines de *Hang-tcheou-fou*, dans la province de *Tché-kiang*. On les vend dans les dix premiers jours du premier mois de l'année (février).

Le marché est situé à *Pé-sin*, près du pont appelé *Kiang-tchang-kiao*. Les marchands viennent au lever du soleil, et étalent leurs plants de mûriers à droite et à gauche du pont; à midi ils se retirent.

OBSERVATIONS A SUIVRE POUR CHOISIR DES PLANTS DE MÛRIERS.

Les mûriers dont l'écorce est ridée donnent constamment des feuilles petites et minces; ceux dont l'écorce est blanche, dont les nœuds sont écartés, et qui ont de gros bourgeons, sont les mûriers à feuilles de *chi* (diospyros); ils donnent toujours des feuilles larges et épaisses. Les cocons des vers qui s'en nourrissent sont fermes et fournissent beaucoup de soie.

Les mûriers qui sont blancs et élevés réussissent bien sur le penchant des collines, dans l'angle d'un mur ou le long d'une haie.

Les mûriers qui sont peu élevés, et dont la peau est noire, doivent être plantés dans un terrain humide. (Même ouvrage.)

Les mûriers à peau noire, qui ne donnent point de graine, et dont les feuilles ne sont pas trop épaisses, conviennent à la nourriture des vers à soie naissants. (Même ouvrage.)

Les mûriers du pays de *Wang-haï* se multiplient de la même manière que ceux dont la peau est blanche. Le mûrier appelé *thsé-teng-sang* (ou mûrier à branches roses) devient fort et élevé.

Le mûrier blanc ou à peau blanche donne peu de graines, on le multiplie par marcottes. Si l'on a des graines, on peut les semer, mais il faut que ce soit dans un endroit où le soleil ne donne pas. On aura des cocons lourds et bien fournis, qui donneront deux fois plus de soie que les cocons ordinaires. (Même ouvrage.)

PLANTATION DES MURIERS.

Dans le cinquième mois (en juin), on prend des mûres et on les met dans l'eau. On écrase la pulpe avec les mains et on la lave à plusieurs reprises. Quand on a séparé la graine, on la fait sécher à l'ombre.

On prépare par le labour dix arpents de terre fertile, ou, ce qui vaut mieux, des terres incultes qui n'ont point été cultivées depuis longtemps. On sème, dans chaque arpent, trois *ching* (espèce de mesure) de graines de millet et de mûres mêlées ensemble. Le

millet et les mûriers doivent naître en même temps.
On bêche et l'on fait en sorte que les mûriers se trouvent à une distance convenable les uns des autres.
Quand le millet est mûr, on le moissonne. En pous-
sant, les mûriers atteignent une hauteur égale à celle
du millet; on les coupe rez terre avec une faucille ou une
serpe bien tranchante; on les laisse sécher au soleil, et,
lorsqu'il fait un bon vent, on y met le feu. Pour cela il
faut toujours choisir le moment où le vent souffle en
sens contraire.

Les mûriers pousseront au printemps suivant. Un
arpent peut donner assez de feuilles pour nourrir les
vers à soie de trois claies. (*Khi-ching-tchi-chou.*)

Lorsque les fruits des mûriers et des arbres appelés
tché sont parvenus à leur maturité, on recueille les
fruits noirs du mûrier de *Lou;* le même jour on les
lave dans l'eau, et on en sépare la graine. On la fait
sécher au soleil et on la sème dans des carrés de terre
que l'on bêche et que l'on arrose, comme pour la culture de la plante appelée *koueï* (la mauve). On doit
sarcler constamment pour purger la terre des mauvaises herbes. L'année suivante, dans le premier mois
(février), on enlève les mûriers et on les transplante,
en laissant entre chaque pourrette une distance de
quatre à cinq pieds. Cette opération peut se faire également dans le second et dans le troisième mois du

printemps. Il ne faut pas labourer la terre. En général, l'insuccès des plants de mûriers n'a pas d'autre cause que le labour; le fer de la charrue blesse et coupe les racines. Il faut semer épais, parce que, quelque soin que l'on apporte à la culture, il y a souvent un bon nombre de mûriers qui meurent. Les mûriers viennent lentement par semis. Pour qu'ils poussent rapidement, il faut employer des boutures de mûriers noirs. Les personnes qui n'ont point de plants de mûriers sont obligées de semer de la graine.

On bêche constamment au bas des mûriers, et l'on y sème des *lo-teou* (dolichos) et des *siao-teou* (phaseolus radiatus). Deux ans après avoir planté des mûriers, il faut se garder de cueillir des feuilles, parce que les mûriers qui ont été effeuillés étant jeunes croissent deux fois plus lentement que les autres.

Quand les mûriers sont gros comme le bras, on les transplante dans le second mois, en laissant entre eux la distance d'environ dix pas.

Il ne faut pas que les arbres d'une ligne correspondent à ceux d'une autre ligne, autrement ils nuiraient aux *lo-teou* (dolichos) et aux *siao-teou* (phaseolus radiatus). Ajoutons que si les mûriers étaient plantés en lignes régulières, en face les uns des autres, ils gêneraient le mouvement de la charrue.

Voici l'époque où il convient de prendre des marcottes. Dans le premier ou dans le second mois, on abaisse les branches et on les fixe à terre à l'aide de crochets. Quand ces branches ont poussé des rejetons hauts de quelques pouces, on les entoure de terre sèche et bien pressée. Si la terre était humide, elle ferait pourrir les jeunes pousses. Dans le premier mois de l'année suivante (en février), on coupe les branches mères et l'on transplante les marcottes. (*Thsi-min-yao-chou.*)

Toutes les fois qu'on laboure un champ de mûriers, il ne faut pas que ce soit près des arbres; on blesserait les mûriers et l'on pourrait briser la charrue. Dans les endroits où la charrue n'a pas passé, on relève la terre avec la bêche, on coupe les racines errantes à la surface du sol, et l'on fume la terre avec de la fiente de ver à soie.

D'abord on sème la graine, ensuite on plante les pourrettes; la troisième opération consiste à ranger les mûriers dans la pépinière. (Même ouvrage.)

Le douzième mois (janvier) est le plus convenable pour la taille des mûriers. Le premier mois (février) est moins convenable; le second mois l'est moins encore. En général, lorsqu'on a beaucoup de mûriers, il faut tailler largement; lorsqu'on a peu de mûriers, il faut tailler avec beaucoup de ménagement.

Pour semer des mûriers, on prend des graines de mûres, on les lave avec soin et on les fait sécher au soleil; puis on les sème dans une terre bien labourée. (*Tchong-chou-chou.*)

Au lieu de semer de la graine pour obtenir des mûriers, nous conseillons de coucher des branches en terre, et de transplanter les marcottes lorsqu'elles ont pris racine.

Voici comment l'on plante les mûriers dans la province de *Tché-kiang.* On coupe les feuilles d'une branche et on la plante en terre; cette opération s'appelle *kia-sang.* Ensuite on recouvre la tête (l'extrémité supérieure de la bouture) avec une coquille, de peur que la pluie du troisième mois n'endommage l'écorce. Après la seconde année, ces boutures sont fortes et vigoureuses.

Au milieu du jour (vers midi), il ne faut pas bêcher les pépinières de mûriers. (*Tchong-chou-chou.*)

Lorsque le temps de semer est arrivé, on mêle les graines avec de la cendre de branches de mûriers, et on les fait tremper afin de les amollir. Le lendemain on lave les graines avec soin, et l'on rejette celles qui surnagent.

On fait sécher au soleil les graines pleines, jusqu'à ce que l'eau qui les a pénétrées soit entièrement évaporée. On les sème ensuite, et elles ne manquent jamais de pousser rapidement. (*Nong-sang-thong-kioué.*)

On lit ce qui suit dans l'ouvrage intitulé *Ssé-nong-pi-yong* :

Pour semer des mûriers, on doit employer de la graine nouvelle. Il ne faut point semer de la graine ancienne, parce qu'elle est en grande partie stérile. La méthode la plus avantageuse est de la semer dans un carré bien ombragé ou recouvert d'une espèce de petit toit en forme de tente. L'ombre du chanvre est moins favorable à la graine, celle que donne le millet l'est bien moins encore.

On laissera cinq ou sept pouces de distance entre chaque pied de mûrier, et l'on arrosera fréquemment jusqu'à ce qu'ils aient atteint trois pieds de hauteur; alors on coupe le chanvre.

Dans le dixième mois (novembre), on les coupe rez terre, et l'on répand par-dessus des herbes sèches auxquelles on met le feu. Il ne faut pas que le feu soit trop fort, autrement il pourrait endommager les racines.

On recouvre la place avec des herbes réduites en fumier jusqu'au printemps suivant; ensuite, avec un râteau, on enlève les herbes réduites en fumier, et l'on arrose. De chaque pourrette il sortira plusieurs jets; on conservera les plus vigoureux et l'on coupera les autres.

Quand les mûriers sont pourvus de bonnes racines, ils n'ont plus besoin d'ombre; il faut les arroser fréquemment.

A l'automne, les mûriers de *Lou* pourront avoir de cinq à sept pieds, et ceux de *Khing* de trois à quatre pieds.

On peut transplanter les mûriers de *Lou* et en faire des mûriers nains. Les mûriers de *Khing* peuvent être plantés et élevés dans un jardin.

Pour réussir dans la culture des mûriers nains, il faut les gouverner suivant les règles prescrites et prendre garde qu'ils ne se dessèchent.

Les personnes qui n'ont point de mûriers en arbres (de grands mûriers) se contentent de cultiver des mûriers nains. Cette espèce de mûriers demande deux fois moins de travail. Il y a des personnes qui ont des mûriers en arbres et des mûriers nains. Quand les premiers sont en plein rapport, on peut renoncer aux autres.

Il importe d'arroser trois fois par jour les mûriers nains, afin qu'ils poussent rapidement. Lorsque les vers à soie sont sortis de leur grand sommeil (la troisième mue), il arrive quelquefois que les mûriers en arbres ne peuvent encore donner des feuilles; alors on a recours aux mûriers nains. De cette manière, les vers à soie tardifs arrivent au terme de leur vie sans jamais manquer de feuilles. (*Ssé-nong-pi-yong.*)

———————

MÉTHODE POUR TRANSPLANTER LES MURIERS NAINS.

Dans un jardin entouré de murs, on choisit une pièce de terre bien cultivée par la charrue ou la bêche, et, dans un carré de terre de cinq pieds, on creuse une fosse ayant deux pieds de largeur sur chaque côté et deux pieds de profondeur.

Dans un arpent de terre, on pourra planter deux cent cinquante pourrettes. Au fond de la fosse, on étendra trois *ching* (trois dixièmes de boisseau) de fumier consommé. Le fumier frais ne convient pas. Dans un bon terrain, on n'a besoin que d'une petite quantité de fumier; on y mêlera une égale quantité de terre; ensuite on y versera un seau d'eau, de manière à former une boue molle. On prend une pourrette des mûriers de *Lou*, qui sont venus de semis dans des carrés de terre. On l'enlève, à l'aide de la bêche, avec ses racines; on laisse sept pouces de tige au-dessus du pied et l'on coupe le reste; puis *on brûle l'endroit de la coupure avec un fer chaud.*

Dans chaque fosse, on plante une pourrette au milieu de la boue molle, et on la fait entrer jusqu'au fond de la cavité (si l'on veut obtenir un prompt résultat, on en plante deux). On la soulève légèrement quatre ou cinq fois, afin que les racines et les chevelus prennent une bonne direction. On met le haut de la tige de niveau avec le sol; on l'entoure de tous côtés avec de la terre bien consommée (ou chaude), de manière à remplir entièrement la fosse.

Le lendemain, on bat la terre pour la rendre plus compacte, et on la tasse jusqu'à ce qu'elle descende à la moitié de la fosse. La terre qui est au bas de ces racines est naturellement compacte; sans cela, les racines ne tiendraient pas fortement à la terre, et cet inconvénient ferait périr une multitude de mûriers.

On remplit la moitié supérieure de la fosse avec de la terre bien consommée (ou chaude); on la bat légèrement, afin de l'aplanir et de bien remplir la fosse.

Il ne faut pas que la terre qui touche à la tige soit très-compacte; autrement les bourgeons auraient de la peine à pousser.

On élève au-dessus de la tige une petite butte en terre légère, épaisse de cinq à six pouces. De cette manière, il se forme tout autour une petite rigole qui sert à faire pénétrer dans l'intérieur l'eau de pluie et d'arrosage. Quand les pousses sortent de terre à la hauteur de quatre à cinq pouces, on laisse seulement une ou deux branches à chaque plant de mûrier.

Si on les a bêchés et arrosés suivant les règles prescrites, ils croîtront, dans l'espace d'un an, jusqu'à la hauteur d'environ cinq pieds.

L'année suivante, on coupe les branches rez terre, et leurs feuilles servent à nourrir les vers à soie. Il faut se servir d'une serpe d'acier à dos épais qui tranche la branche d'un seul coup. Quand la serpe est émoussée et ne peut trancher la branche d'un seul coup, il faut parer les irrégularités et rendre la coupure bien unie. La pluie nuit à la racine. Il ne faut pas laisser sortir hors de terre la tige des mûriers nains; elle doit pousser cachée au milieu de la terre. Ceux dont la tige s'élève hors de terre s'appellent *khio-kao*, c'est-à-dire hauts comme le pied. Les branches qui poussent au-dessus de la tige ne sont pas vigoureuses, et, de plus, il est rare qu'elles ne soient pas endommagées et brisées par la pluie et le vent.

Au-dessous de l'endroit coupé, il sort plusieurs pousses autour de la tige. On laissera quatre à cinq branches à chaque pied et l'on coupera toutes les autres. Chaque année on coupera l'arbre rez terre. Peu à peu la racine deviendra forte et vigoureuse; peu à peu on laissera un plus grand nombre de branches.

Quant aux pieds de mûriers sauvages du pays de *Lou*, on peut les planter comme les autres; ils réussiront également bien; on suivra entièrement les règles exposées plus haut. Au bout de trois ans, un mûrier est en pleine croissance; au bout de cinq ans, les racines s'entrelacent. L'entrelacement des racines nuit à sa vigueur. Au printemps, il faut couper les racines qui s'entrelacent et mettre du fumier au pied de l'arbre. Dès qu'il a été arrosé et humecté par la pluie, il reprend sa croissance et sa vigueur. Lorsqu'ensuite on juge que les racines commencent à grossir, on abaisse les branches en terre, et l'on obtient, par marcottes, des plants que l'on transporte dans un autre enclos, et que l'on cultive ensuite suivant les règles que nous avons déjà exposées.

Trois ans après leur plantation, les nouveaux mûriers poussent avec vigueur. Lorsqu'on coupe les branches des mûriers pour nourrir les vers à soie, on coupe seulement une branche au-dessus du pied de chacun des anciens mûriers. On la plante, et au bout d'un an elle a pris racine ; ensuite on enlève ces plants et on les transporte ailleurs pour former des rangées de mûriers. De cette manière, les mûriers pourront se propager à l'infini. Mais, lorsqu'on coupe des branches de mûriers de *Lou* pour nourrir des vers à soie, leur fil a peu de force et de souplesse. Il convient de planter, dans une proportion convenable, des mûriers de *Khing*; leurs feuilles serviront à nourrir les vers à soie après la troisième mue, lorsque les feuilles des autres mûriers viendront à manquer. (*Ssé-nong-pi-yong.*)

***

DE L'ÉPOQUE FAVORABLE POUR PLANTER.

On doit avoir égard à la saison et aux propriétés du terrain. Les dix jours qui précèdent et suivent l'époque appelée *Tchun-fen* (le 21 mars) et tout le dixième mois, sont les époques les plus favorables. Dans les dix jours qui précèdent et suivent l'époque appelée *Tchun-fen* (le 21 mars), la vie des arbres commence à se ranimer : c'est pourquoi il convient de planter alors les mûriers. C'est ce qu'on fait dans les pays situés à gauche de *Lo-yang*, dans une étendue de mille *li* (cent lieues). Dans les autres contrées, on devra se conformer aux saisons. Le mûrier est un arbre qui croît aisément ; ce n'est que dans le onzième mois (décembre) que sa vie végétative est suspendue et qu'il cesse de pousser ; tous les autres mois de l'année conviennent pour cette opération.

On répandra du chènevis ou du millet clair-semés pour donner de l'ombre aux mûriers. Chaque année, le troisième jour du troisième mois (avril), lorsque le temps sera serein ou pluvieux, on pourra juger ceux des plants qui seront bons ou mauvais.

MANIÈRE D'ÉLEVER LES MURIERS.

Dans un jardin entouré de murs (ou de haies), on choisira un endroit bien cultivé avec la charrue ou la houe, et l'on ouvrira une fosse carrée d'environ trois pieds de large. On y répandra du fumier liquide, exactement comme lorsqu'on plante des mûriers nains ; ensuite on prendra un mûrier de *Khing*, pourvu de toutes ses branches, dans un des carrés où il est venu de graine. On l'enlèvera à l'aide de la bêche avec ses racines, et on le plantera dans la fosse, suivant la méthode exposée plus haut : seulement, après avoir battu et aplani la terre de la fosse au niveau du sol environnant, on élèvera au-dessus de chaque pied une butte en terre légère, haute d'un ou deux pieds, et tout autour il se formera naturellement une rigole circulaire. (S'il ne pleut pas, on doit arroser.) Lorsque le tronc du mûrier aura atteint la hauteur d'un homme d'une taille élevée, on étêtera l'arbre, et alors les branches horizontales croîtront plus rapidement. Laissez-le croître et s'étendre, et gardez-vous de couper les nouvelles branches. Dans le printemps il ne convient pas de les tailler, car après qu'on les a coupées, pendant plusieurs années, l'arbre manque de force et de santé; mais dans le douzième mois (janvier), ou dans le premier mois (février) de l'année suivante, on peut les tailler sans inconvénient.

Si l'arbre a été arrosé et cultivé d'une manière convenable, en automne il sera gros et haut comme ces chevrons qu'on appelle *tchouen*. Dans le dixième mois (en novembre) ou au printemps de l'année suivante, on pourra transplanter les mûriers et les ranger dans la pépinière.

Si l'on ne suit pas cette méthode et qu'on élève les mûriers dans un jardin, il y a beaucoup de danger à les transplanter jeunes, pour les ranger dans la pépinière, car le vent et la pluie ne manquent jamais d'en faire périr un grand nombre.

Les mûriers sauvages des pays de *Khing*, dont la tige n'est pas encore assez forte, peuvent être transplantés avec leurs racines dans un enclos où on les cultivera comme ceux dont on vient de parler plus haut.

On doit les cultiver suivant la méthode prescrite pour les mûriers nains. Lorsqu'ils ont poussé leurs rejetons, on laissera la branche la plus vigoureuse et l'on coupera les autres. Ils croîtront jusqu'à la hauteur d'un homme d'une taille élevée. Pour élever des plants de ce mûrier, on suivra les règles exposées plus haut.

Lorsque l'influence féconde du printemps commence à se répandre, on prend une branche latérale d'un mûrier nain, on coupe de trois à cinq pouces de l'extrémité, et on la couche dans un sillon pratiqué au pied de l'arbre.

Beaucoup de personnes emploient des plants de mûriers, d'autres couchent quelques branches en terre ; cela dépend de la volonté du cultivateur.

Le sillon où l'on couche la branche doit avoir cinq pouces de profondeur. On fixe la branche dans cette position à l'aide de pieux à crochet ; il en faut deux si la branche est courte, et trois si elle est longue.

Après cette opération, les branches provenant des bourgeons poussent en se dirigeant en haut ; elles ont d'abord la forme des dents d'un râteau. Sur les branches horizontales on doit ne laisser qu'un seul bourgeon à la distance d'environ cinq pouces et retrancher tous les autres ; leurs feuilles pourront servir à nourrir les jeunes vers à soie.

Dans le quatrième ou le cinquième mois (mai ou juin), lorsque le temps est serein, vers l'heure de midi, on entourera les deux côtés de la branche horizontale avec de la terre de mare bien consommée; puis on en formera une petite butte au-dessus de la branche. Dès ce moment la branche horizontale deviendra une racine dormante. Le soir on l'arrosera. (Pendant la nuit la racine dormante pousse des chevelus).

En automne chaque rejeton formera une tige de mûrier. Dans le dixième mois (novembre), et quelquefois avant ou après le commencement de l'année suivante, on coupe par les deux bouts les racines dormantes et on les retire de terre; on en coupe des morceaux de la longueur d'une canne, et on les enfonce dans des trous verticaux pratiqués à cet effet. Chaque racine produit un plant de mûrier.

Par cette méthode on peut se procurer un nombre infini de plants.

MANIÈRE DE PLANTER LES BRANCHES.

Dans un jardin entouré de murs on creuse des fosses, comme pour les mûriers nains. Lorsqu'on s'aperçoit que des yeux noirs commencent à pousser sur les branches des mûriers de *Lou* à larges feuilles, on coupe une branche longue de plus d'un pied, on retranche les deux bouts, et l'on brûle l'endroit de la coupure.

Dans chaque fosse on plante deux ou trois de ces branches, en les inclinant un peu. Quand les bourgeons sortent, on entoure la tige d'un cône de terre légère haut de trois à cinq pouces; à chaque tige on ne laisse qu'une seule branche. A l'automne, elle pourra avoir plusieurs pieds de hauteur. L'année suivante on coupe les feuilles des branches pour nourrir les vers à soie.

Ces mûriers n'ont à redouter que le soleil du milieu de l'été. S'ils ne manquent ni d'humidité (*littéralement* d'arrosage) ni d'ombre, il n'en périra pas un seul. On peut aussi les planter dans de petits carrés de terre (disposés comme les cases blanches d'un damier).

Si dans l'enclos même on n'a point de branches que l'on puisse couper, on choisit dans un autre endroit un mûrier de *Lou* à larges feuilles; on coupe dans le dernier mois (janvier) les branches dont on a besoin, et on les conserve dans un trou fait en terre. Si elles se trouvaient exposées à l'air, elles ne tarderaient pas à se dessécher.

On attend l'époque où l'on commence à voir saillir des yeux noirs sur les branches des mûriers. On ouvre le trou fait en terre, et l'on voit que des yeux commencent aussi à pousser sur les branches qu'on y avait déposées. On coupe les deux bouts des branches, on brûle l'endroit de la coupure, et, après les avoir plantées, on les gouverne suivant les règles que nous venons de développer plus haut.

Voici la manière d'élever dans un enclos les petits mûriers provenant de l'espèce de *Lou* ou de celle de *Khing*. Dans le dernier mois (janvier), il faut couper l'extrémité des branches qui ne viennent pas bien. Lorsque les pourrettes sont encore très-petites, on laissera trois ou cinq branches près du sommet; si elles sont un peu grandes, on laissera une dizaine de branches d'environ un pied, et l'on retranchera toutes les autres.

Au printemps suivant, à l'époque où les yeux commencent à pousser, on déchausse les plants, on les enlève avec leurs racines, et on les transplante dans un terrain spacieux en lignes régulières éloignées de huit pas. On plante les mûriers vis-à-vis les uns des autres, en laissant entre chaque pied un espace de quatre à cinq pas. La distance de huit pas, laissée entre chaque rangée de mûriers, permettra d'y conduire la charrue, de même que les quatre à cinq pas laissés entre chaque arbre permettront de cultiver la terre avec la houe.

On entourera cette pépinière avec des haies épineuses. Dans le dernier mois, on éclaircira et on taillera d'une manière uniforme les petits scions qui ont poussé dans l'année sur les branches horizontales. L'année suivante les feuilles de ces arbres pourront être cueillies pour nourrir les vers à soie. (*Nong-ssé-pi-yong.*)

MANIÈRE DE TAILLER LES GRANDS MURIERS.

Il faut uniquement éclaircir les branches et surtout tailler à temps. On doit faire en sorte que les branches prennent de la force et poussent de bonne heure, afin que les vers à soie ne soient point exposés à manquer de feuilles.

Si l'on éclaircit les branches, celles qui restent acquerront de la force, et les feuilles deviendront plus épaisses et plus nourrissantes. Si cette année on taille en temps convenable, les longues branches deviendront fortes et vigoureuses ; les feuilles de l'année prochaine pousseront de bonne heure, et, de plus, elles seront épaisses et luisantes.

Il faut couper toutes les branches qui partent du centre, afin qu'un homme puisse s'y tenir debout, se retourner et se servir aisément de la hache. Les branches et les feuilles tombent en dehors de l'arbre ; cela vaut beaucoup mieux que d'être obligé de transporter tout autour de l'arbre un escabeau lourd et élevé. Un homme placé ainsi au centre de l'arbre peut faire autant de besogne que deux personnes qui travailleraient en dehors. On ne doit pas laisser croître les branches en trop grand nombre, autrement on ne pourrait les couper sans un travail long et pénible; de plus, les feuilles seraient minces et dépourvues de saveur.

Aussi l'art de bien tailler les branches de mûrier est un des points les plus importants pour l'éducation des vers à soie. Beaucoup de personnes ne savent point faire d'avance les préparatifs nécessaires lorsque la cessation des travaux de l'agriculture leur laisse du loisir. Elles ne s'occupent des mûriers qu'à l'époque où l'éducation des vers à soie les accable de soins. De cette manière, elles sont surchargées d'un double travail, et souvent les vers à soie manquent de la nourriture nécessaire. Si, au contraire, les mûriers ont été taillés suivant les règles, de manière qu'on puisse atteindre aisément les branches et en obtenir les feuilles avec facilité, les vers à soie n'attendront point leur nourriture, les feuilles viendront en temps convenable, et, de plus, elles seront épaisses et luisantes.

La méthode suivie dans le pays de *Thsin* s'appelle *lo-sang*. Dans le dernier mois de l'année (janvier), on coupe toutes les branches surabondantes et on éclaircit beaucoup celles qu'on laisse; ensuite, sur les branches que l'on conserve, on laisse tout au plus quatre yeux et on enlève tous les autres. L'année suivante, les branches qu'on aura laissées, seront devenues de forts rameaux; les scions noirs qui sont sortis du milieu des yeux pourront avoir trois pieds de longueur; les feuilles seront deux fois plus épaisses qu'à l'ordinaire et présenteront une surface lisse et brillante. Pendant toute l'éducation des vers à soie, on les cueillera avec la main; on laissera seulement les branches qui se jettent en dehors. Après avoir poussé abondamment jusqu'à l'automne, elles pourront avoir atteint une longueur de huit ou dix pieds. Dans le dernier mois de l'année (en janvier), on les coupera de nouveau comme par le passé. Au bout de plusieurs années, si les branches qu'on avait laissées paraissent trop surcharger l'arbre, on les coupera encore à leur base.

On suit cette méthode dans l'arrondissement de *Lo-yang*, à l'est du fleuve Jaune; mais on emploie des procédés différents au nord du même fleuve, dans la province de *Chan-tong*.

Lorsque le mûrier s'est élevé à la hauteur de cinq ou sept pieds depuis l'époque de sa transplantation, on coupe les branches du sommet. Comme on aura retranché les branches du centre, celles qui restent croîtront dans une direction horizontale et s'étendront en dehors. Quand l'arbre est devenu grand et fort, un homme peut se tenir debout dans le centre.

Lorsque l'arbre a atteint son *maximum* de force et de croissance, on doit couper dans le centre la tige et les branches.

Il y a trois sortes de branches qu'il faut nécessairement retrancher :

1° Les branches qui pendent vers la racine ;

2° Celles qui se jettent en dedans et tendent vers le tronc;

3° Celles qui croissent deux à deux : on doit en couper une;

4° Celles qui, bien que croissant dans une bonne direction, sont trop épaisses et trop touffues.

Le dernier mois de l'année (janvier) est le plus favorable pour la taille; le mois qui suit l'est beaucoup moins. Dans le dernier mois de l'année, la séve ne monte pas encore, et la cessation des travaux de la campagne laisse beaucoup de loisir aux cultivateurs. Les personnes qui taillent au printemps n'ont pour but que d'écorcer facilement les branches (pour faire du papier), mais elles font perdre aux mûriers une grande partie de leur séve.

Les personnes qui veulent faire usage de l'écorce de mûrier peuvent prendre les branches coupées dans le dernier mois (janvier), et les déposer, du côté du midi, dans une fosse recouverte de terre. On les retire au second mois (mars), et elles s'écorcent très-facilement. (*Nong-ssé-pi-yong.*)

MÉTHODE POUR SEMER LES MURIERS.

Les graines de mûres se sèment dans le quatrième mois. On bêche au sud-ouest de petits carrés de terre, on y répand du fumier consommé mêlé de terre, on les égalise, et l'on arrose de manière que la terre soit bien pénétrée d'eau; ensuite on sème les graines de mûres. Quelques personnes les mêlent et les sèment avec une égale quantité de millet. Les graines étant bien humectées et attendries par l'eau, ne tardent pas à pousser; bientôt elles sont à l'abri des rayons du soleil. Il y a des cultivateurs qui sèment d'avance du chènevis au sud et à l'ouest des carrés. Bientôt les jeunes mûriers reçoivent l'ombre du chanvre et sont à l'abri du soleil d'été. Quand ils ont atteint la hauteur de deux ou trois pouces, on les arrose dans les jours de sécheresse. Si l'on n'a point semé les graines avec du millet, il faut construire au-dessus des mûriers un petit toit que l'on couvre de nattes; on les étend pendant le jour et on les roule la nuit. Quand les chaleurs sont passées, il n'est plus nécessaire de couvrir les jeunes mûriers.

Après le dixième mois (novembre), on coupe rez terre les mûriers et les tiges de millet; puis, quand le temps est favorable, on y met le feu; ensuite on recouvre la cendre avec du fumier.

AUTRE PROCÉDÉ.

(Wou-pen-sin-chou.)

Dans une terre bien cultivée, on sarcle avec soin une planche de millet; on prend une grosse corde de paille et on en coupe un morceau dont on fait tremper

les deux bouts (deux ou trois pouces de chaque côté)
dans de la farine délayée avec de l'eau, ou, ce qui vaut
mieux encore, dans de l'eau où l'on a fait cuire du
riz. On insère dans l'intérieur de chaque bout une
dizaine de graines de mûres; ensuite on couche la corde
au milieu d'un sillon creusé dans la planche de millet.
On comprime et l'on couvre les deux bouts de la corde
avec deux mottes de terre, puis on répand une légère
couche de terre sur la partie intermédiaire de la corde.
Un ou deux pas plus loin, on couche un autre morceau
de corde de paille, et l'on continue ainsi en disposant
les morceaux de corde en lignes régulières dans toute
l'étendue de la planche de millet. Il convient d'arroser
après une longue sécheresse. Au dixième mois, on
doit couper le millet et les mûriers et les brûler sur
place, puis on recouvre leur cendre avec du fumier,
comme nous l'avons dit plus haut. En hiver et au
printemps, on les entoure de neige que l'on recouvre
avec du fumier. Avant ou après l'époque appelée *thsing-
ming* (le 5 avril), on balaye le fumier.

Quand le temps est pluvieux, on transplante les
mûriers à une distance convenable les uns des autres,
comme lorsqu'on les a semés dans des carrés. Cette
méthode épargne beaucoup de peine au cultivateur et
favorise puissamment la croissance des mûriers, qui,
par ce moyen, gagnent deux ans sur les autres.

Si l'on a de la graine de l'année précédente, on la
sème au printemps, ce qui vaut encore mieux; mais

ensuite il faut élever un petit mur pour protéger les jeunes mûriers.

Quelques personnes craignent de se donner trop de peine et d'embarras en faisant usage des cordes de paille. Elles mêlent une égale quantité de graines de mûres et de millet et les sèment dans une moitié de calebasse. Elles la placent dans un endroit du champ qu'elles nettoient avec soin.

Si l'on craint la sécheresse, il faut choisir une planche de millet, y répandre de bonne terre d'une manière égale, faire de petits carrés dans toute l'étendue de la planche, arroser et semer.

AUTRE MÉTHODE.

Au printemps, dans un terrain bien fumé, on trace des lignes régulières au midi et à l'ouest, et l'on sème du chènevis d'une manière égale. Ensuite on prend de la graine de mûres et on la mêle avec des crottes de vers à soie, ou bien avec des grains de millet torréfiés. Aussitôt qu'il a plu, on laboure une fois au nord du chanvre, et l'on sème. Cela est aussi avantageux que si l'on avait construit un petit toit couvert de nattes, pour protéger les mûriers semés avec une égale quantité de graines de millet.

Les mûriers profitent de l'ombre que leur procurent les tiges hautes et touffues du chanvre, sans les priver de l'air et de la rosée. Quand l'on ensemencerait de la sorte dix arpents, on n'aurait pas besoin de beaucoup de travail pour y réussir.

Les mûriers nains proviennent des mûriers de *Lou*. Pour cela, il faut planter et cultiver des boutures de mûriers de *Lou*, suivant les règles que nous avons décrites plus haut.

On laisse au mûrier nain quatre à cinq branches, on le cultive avec la bêche et on y met du fumier. Les branches étant peu nombreuses, les feuilles poussent en petite quantité. Le suc d'une multitude de feuilles se réunit dans une seule. Cette feuille ne tarde pas à grandir. Voilà ce qu'on appelle un mûrier nain.

MANIÈRE DE PLANTER LES MURIERS NAINS.

En automne, dans un terrain bien préparé, on laboure profondément une pièce de terre, et on la divise en petits carrés, que l'on couvre de fumier et de terre végétale.

N. B. Dans une autre partie de l'ouvrage, ces carrés sont figurés comme ceux d'un jeu de damier. Les blancs sont ceux qu'on cultive; on ne donne aucun soin aux parties représentées par des carrés noirs. (*St. Julien.*)

Avant et après l'époque appelée *Tchun-fen* (21 mars), on prend les branches de mûrier qu'on a enterrées dans le dernier mois de l'année. On choisit celles dont les boutons germent, on les coupe de la longueur de sept à huit pouces, on creuse un sillon dans chaque carré, on l'arrose et on y plante ces branches en les couchant; ensuite on les couvre de trois ou quatre pouces de terre. Si la terre avait trop d'épaisseur, les branches auraient de la peine à pousser. On doit presser et aplanir la terre avec la main.

A l'est, au midi et à l'ouest de chaque carré, on sèmera cinq à sept graines de chènevis.

Après le cinquième mois (juin), les bourgeons s'élèvent peu à peu. Il faut ajouter souvent du fumier. Quelque temps après, lorsque les branches sont hautes, ces mûriers sont devenus ce qu'on appelle des mûriers nains.

Quand les mûriers ont un ou deux ans, leur séve est peu abondante et leur tige est nécessairement très-frêle.

Après l'époque appelée *Tchun-fen* (21 mars), on ouvre les carrés avec la bêche, on enlève les mûriers et on les transplante ailleurs. Dans la partie des carrés qui est située au nord, on forme un mur de terre au bas duquel on fait des trous avec une cheville, et l'on verse dans chaque trou une certaine quantité d'eau. Alors on prend les pourrettes de mûriers, et on les plante appuyées contre le mur. Il faut que les racines soient étendues d'une manière uniforme. Ensuite on recouvre le pied du jeune arbre avec de la terre bien foulée. Le mur de terre et la terre de chaque carré doivent être élevés d'environ trois ou quatre pouces. En général, les racines des plants et des petits arbres nouvellement plantés n'aiment point à être ébranlées ou agitées ; c'est pourquoi on élève des murs de terre pour les défendre du vent du nord, et concentrer sur eux les rayons du soleil. Aujourd'hui il arrive souvent que lorsqu'on transplante de petits mûriers, qui n'ont encore que des chevelus et des racines minces et déliées, on n'y laisse pas un pouce de terre. Mais il arrive que, lorsque ces plants doivent être transportés à une grande distance, le vent et le soleil dessèchent leur humidité vitale ; et lorsqu'on les a plantés il est rare qu'ils repoussent, ou, s'ils repoussent, ils n'acquièrent aucune vigueur ; et alors on accuse la nature du terrain. C'est une erreur des plus graves.

Lorsqu'on lève un grand nombre de pourrettes qui doivent faire un long voyage avant d'être transplantées, on les réunit par paquets de dix, on arrose les racines et les chevelus d'une boue liquide sur laquelle on étend une couche épaisse de terre ; puis on les enveloppe soigneusement avec des herbes ou avec des roseaux. Avant de les envelopper, on peut en outre appliquer, sur la terre qui couvre les racines, de l'argile compacte et bien mastiquée. Alors on place les plants de mûriers en long, dans la caisse de la voiture où ils sont à l'abri du vent et du soleil. On couvre les tiges avec une natte de paille.

Avant de replanter les mûriers, on bêche et l'on fume les carrés qui doivent les recevoir. Au moment de les planter, on arrose et l'on cultive ensuite les mûriers suivant les règles prescrites plus haut.

MANIÈRE DE PLANTER LES MURIERS EN AUTOMNE.

Ordinairement on transplante les mûriers dans les mois de printemps; mais, à cette époque de l'année, ils sont souvent ébranlés par la violence du vent; les pluies du printemps viennent se joindre aux vents, et il est difficile que les mûriers réussissent. Ce n'est pas tout : la température s'échauffe peu à peu, et les boutons et les feuilles ne peuvent supporter la chaleur: c'est pourquoi il en meurt un grand nombre; ou bien, s'ils poussent, il leur faut un temps considérable pour acquérir de la force. Si l'on coupe la première tige, il en poussera une seconde plus vigoureuse. Les mûriers deviennent florissants dès qu'ils ont senti le tranchant du fer. Ces heureux effets de la taille sont surtout remarquables dans les mûriers nains.

Dans les contrées du midi, on plante les pourrettes dans le dixième mois (novembre); mais, au nord du fleuve Jaune, le climat est extrêmement froid : c'est pourquoi il convient de planter en automne. L'époque la plus favorable pour cette opération est celle des pluies abondantes. Les carrés doivent avoir un pied et plus de profondeur. On laissera un ou deux pouces de tige au-dessus du niveau de la terre, et l'on coupera le reste. Après avoir fini de planter, on battra fortement la terre autour des pieds de mûriers et l'on recouvrira de terre l'endroit de la coupure. Quand la terre sera gelée, on répandra par-dessus une certaine quantité de fumier. Après les chaleurs du printemps, on fera autour de chaque arbre, et par-dessus le fumier, un rebord en terre en forme de cuvette. L'eau de pluie pourra s'y amasser, ou bien, s'il survient de la séche-resse, on pourra arroser dans l'intérieur. Au midi des arbres, on sèmera d'abord, au printemps, des graines de chanvre. Quand les pluies abondantes seront ve-nues, les bourgeons produiront des rameaux touffus; dès ce moment vous aurez des mûriers nains.

Quelques personnes coupent les branches minces et laissent une ou deux branches vigoureuses. L'année suivante, le mûrier pourra devenir un arbre. D'autres personnes couchent les branches en terre, et de cette manière un arbre en produit dix autres : cette méthode vaut mieux que si l'on plantait des arbres entiers. Toutes ces marcottes ne manquent jamais de réussir, et les mûriers qu'elles produisent deviennent touffus et florissants.

Dans le dixième mois (novembre), la vie de l'arbre est suspendue; il convient de planter les mûriers en cachant leur tête sous la terre. On coupe toute la tige de l'arbre et on le plante comme en automne.

Dans les mois d'hiver, la séve des arbres descend en bas. Dès que l'influence du printemps s'est fait sentir, ils poussent tous ensemble; et, dans l'espace d'un an, les nouveaux jets dépassent la hauteur de l'arbre qui a fourni les marcottes.

Lorsqu'on plante des mûriers qui ont plus de deux ans, si, à l'époque appelée *Kou-yu* (le 20 avril), il y en a dont les bourgeons et les feuilles annoncent peu de vigueur, on attache la base de la tige à un tuteur solide, et on en coupe toute la partie supérieure en lui laissant seulement quelques pouces de bois au-dessus du niveau de la terre. On se sert communément d'une petite hache, mais il est plus avantageux de faire usage d'une serpe bien tranchante.

On élève un cône de terre au-dessus de l'endroit où la tige a été coupée; au midi de l'arbre, on plante de cinq à sept grains de millet. Au bout d'environ dix jours, l'arbre commence à pousser de petites branches qui partent des bourgeons. Dans les temps de sécheresse, on doit arroser fréquemment; après l'époque appelée *Li-hia* (le 6 mai), on ne doit plus suivre cette méthode; il est également impossible de la suivre dans les grandes chaleurs.

Dans tous les mois de l'année, on peut transplanter les mûriers, excepté dans l'espace de temps appelé *Ta-han* (qui commence au 2 janvier et finit au 4 février).

MANIÈRE D'OBTENIR DES MARCOTTES.

Après l'époque appelée *Han-chi* (5 avril), on choisit un mûrier qui ait plus de deux ans; on creuse à côté un profond sillon, et l'on y couche tout le corps de l'arbre, que l'on maintient dans cette position à l'aide de pieux solides. On laisse sortir au-dessus de la surface de la terre les petits rameaux qui ont poussé sur les branches, et l'on couvre complétement de terre les grosses branches et la tige de l'arbre. Tout autour de l'arbre, on fait un rebord avec de la terre, de manière à former une espèce de cuvette pour retenir l'eau. Dans les temps de sécheresse, on doit arroser fréquemment. Si l'on n'a pas d'arbre convenable pour l'opération décrite plus haut, on se contente de creuser au bas de l'arbre des sillons où l'on enterre les branches horizontales, en les maintenant à l'aide de pieux à crochets. Dans le sixième mois, on ne doit pas enterrer l'arbre entier.

MANIÈRE DE PLANTER LES MURIERS QUI PROVIENNENT DE MARCOTTES.

Vers la fin de l'automne, lorsque les cultivateurs ont beaucoup de loisir, on creuse d'avance des carrés profonds où la terre puisse conserver son humidité pendant l'hiver, afin de diminuer le travail à l'époque où l'influence de la nouvelle saison obligera de planter tous les mûriers en même temps.

Dans chacune de ces fosses qui doivent être carrées et profondes de plus de deux pieds, on répandra deux *ching* (deux dixièmes de boisseau) de fumier bien consommé qu'on a pétri avec de la terre. Il faut que le le terrain soit élevé au nord et plus bas au midi, afin de retenir la neige de l'hiver et la pluie du printemps.

Dans le dernier mois de l'année (janvier), on prend deux ou trois branches grosses et longues de mûrier de *Lou;* on les réunit ensemble, on coupe la partie inférieure avec une hachette bien tranchante, et l'on cicatrise la coupure en la passant légèrement dans le feu. On fait des bottes de quarante-cinq branches et on les couche dans une fosse exposée au midi, en ayant soin de séparer chaque botte par un paquet de paille de riz.

La fosse doit être longue et profonde de trois à quatre pieds. Il faut creuser les fosses d'avance, de peur d'éprouver beaucoup de difficultés, si on ne le faisait que lorsque le froid aurait gelé la terre à une certaine profondeur.

On recouvre ces bottes de branches d'une épaisse couche de terre. Après l'époque appelée *Tchun-fen* (21 mars), on les retire. Alors on ouvre la première fosse, on y verse trois ou quatre *ching* (trois ou quatre

dixièmes de boisseau) d'eau, et l'on y sème de vingt
à trente grains de millet. On prend les branches, on
les plie en rond (en forme de cercle), on les lie dans
cette position avec une corde de paille, on les couche
au milieu de la fosse et on les recouvre de trois à quatre
pouces de terre. Si par hasard les bourgeons des branches s'élèvent déjà de deux ou trois pouces, on couvrira les branches d'environ un pied de terre. On
battra la terre afin qu'elle soit compacte et serrée, mais
on formera de petites buttes de terre légère au-dessus
des bourgeons naissants. Quelque temps après, quand
les bourgeons auront acquis une certaine croissance,
la terre qui les entourait se détachera d'elle-même. Au
midi de la fosse, on sèmera d'avance du chanvre; il
faut que la terre soit ombragée et humide. On l'arrosera constamment.

Quant aux mûriers qu'on a plantés en couchant l'arbre entier, il faut ensuite répandre de la terre par-
dessus. Les branches qui partent des bourgeons ne
tardent pas à grandir et à s'élever. On coupera les branches latérales, et, au bout de trois ans, ces mûriers
seront déjà des arbres. Quelques personnes, qui veulent
avoir des mûriers nains, coupent les extrémités des
branches et les plantent en terre de manière à cacher
le haut de la tige. Elles en lient deux ou trois ensemble, et les plantent suivant la méthode exposée plus
haut. D'autres personnes font un trou dans une rave
et y plantent une petite branche qui lui emprunte

une partie de sa vie et de sa force : ce procédé est encore plus avantageux que l'autre. Elles creusent une
petite fosse carrée, et y enterrent solidement la rave
et le mûrier, suivant les principes que nous avons déjà
développés.

PLANTATION DES BRANCHES DE MURIER SUR DES PLANCHES
DE TERRE.

En automne on laboure une terre bien fumée; le
second mois (en mars), on l'aplanit. A l'est et à l'ouest
on forme des planches élevées en laissant entre elles
une distance convenable; on creuse la terre et l'on
ouvre des fosses carrées. On prend alors les branches
de mûriers qu'on avait enterrées dans le dernier mois
de l'année, et on les plante suivant la méthode reçue.
Quelquefois on plante de la même manière des branches fortes et élevées qui n'ont encore qu'une seule
racine.

Lorsqu'on plante des branches pour reproduire des
mûriers, on peut couper largement les nouveaux jets
si l'on a beaucoup d'anciens mûriers. Mais, lorsqu'on
n'en a qu'un petit nombre, il serait à craindre que
l'année suivante les vers à soie ne manquassent de
nourriture, si l'on taillait les arbres sans ménagement.
C'est pour cela que nous donnons ici les meilleures
méthodes pour diriger le cultivateur qui veut semer

des mûriers, faire des marcottes ou planter des boutures; c'est à lui de choisir, parmi ces trois moyens de
reproduction, celui qui lui convient le mieux.

Supposons un village où deux cultivateurs voisins
associent leur travail. Ils élèvent une petite clôture
carrée, ayant cent pas sur chacune des faces de la
pépinière. (Si les habitants sont nombreux et possèdent ensemble un vaste terrain, le travail, partagé
entre tous, sera encore moindre pour chacun.)

Chaque cultivateur élèvera deux cents pas de clôture. Le terrain renfermé dans l'enceinte aura dix
mille pas. A chaque pas de distance on plantera un
mûrier, ce qui fera dix mille pieds pour toute la pépinière, et cinq mille pieds pour chaque famille.
Mais, si une famille est seule et isolée, elle pourra
construire une clôture de deux cents pas. Le terrain
qu'elle embrassera ne pourra contenir que deux mille
cinq cents pas. Si l'on suit la règle indiquée plus
haut, et qu'on plante les mûriers à un pas de distance les uns des autres, on n'en pourra placer que
deux mille cinq cents pieds.

Quand deux cultivateurs sont associés, ils doivent
tâcher d'éviter tout sujet de querelle et de litige.
Le meilleur moyen est de partager la pépinière par
le milieu, au moyen d'une haie vive. Cette manière
de travailler à la clôture est beaucoup plus avantageuse que si l'on était seul. D'abord on peut planter
le double de mûriers; ensuite cette assistance qu'on

se prête mutuellement allége beaucoup le travail in-
dividuel. (*Nong-tching-tsiouen-chou.*)

On lit dans l'ouvrage intitulé *Ssé-chi-louï-yao* : Lorsqu'on plante des mûriers, il ne faut pas que ce soit
à une trop grande profondeur, autrement ils ne
pousseraient pas. Quand ils ont atteint la hauteur
d'un pied, on doit les garnir de fumier.

———

TCHONG-HOA-MIN.

On plante les mûriers dans le premier et le second mois (février et mars); on peut encore les
planter jusqu'au huitième mois (septembre). Il faut
faire en sorte que les racines soient bien droites,
et qu'un limon compact les entoure et les maintienne
solidement. On doit arroser le pied des mûriers avec
du fumier liquide, alors ils ne tardent pas à pousser
avec vigueur. Suivant l'opinion de *Siu-kouang-ki*, il
ne faut pas faire usage de fumier au commencement
de la plantation.

Lorsqu'on veut planter des mûriers, on sarcle la
terre et on la fume. L'opération par laquelle on coupe
le tronc s'appelle *Kia*.

On laisse auprès de la base de l'arbre des branches d'environ un pied, et on les enfouit profondément, en ne leur laissant qu'un pouce de saillie au-
dessus de la terre. On cultive l'arbre, et on le fait

croître en l'arrosant. L'endroit de la coupure devient noir. On le couvre avec une coquille, ou bien *on l'enduit de cire*, pour empêcher que les pluies du quatrième mois ne pénètrent le bois et ne déterminent la carie. On doit fumer la terre tout autour de l'arbre, afin que ses racines se développent et s'étendent de tous côtés. Si l'on n'arrosait que le pied du mûrier, il ne tarderait pas à périr. On ne doit pas arroser avec de l'eau seule, il faut y mêler du fumier liquide.

Au bout de deux ans, les mûriers seront dans un état florissant. La partie recouverte de terre doit être cultivée chaque mois avec la houe. Quelques personnes retournent deux fois la terre à une profondeur d'un ou deux pieds. On arrose alors la terre avec du fumier liquide, sans aucun mélange d'eau. Il faut arroser la terre tout autour des mûriers, afin d'atteindre les racines qui s'étendent au loin; on continuera ainsi jusqu'à la cueillette des feuilles. Au bout de trois ans, les mûriers pousseront avec une force remarquable. Si l'on empêche de couper les branches vigoureuses, et qu'on ne laisse ni plantes ni arbrisseaux auprès des mûriers, ils acquerront une nouvelle force, et les feuilles qu'on cueillera pendant l'éducation des vers à soie seront propres et parfaitement saines. Aussitôt après, on coupera les branches aux endroits où elles se réunissent, et on laissera de grands vides autour du tronc. Alors les branches de l'année suivante pousseront avec plus de force, et les feuilles deviendront plus épaisses. Si, chaque année, on coupe ainsi les branches superflues, les autres deviendront florissantes.

On ne doit pas élever des vers à soie d'automne, autrement les branches de l'année suivante seront faibles et délicates, et leurs feuilles seront minces et dépourvues de suc.

Il faut garnir les racines des mûriers avec du fumier, des crottes de vers-à-soie, des cendres de paille de riz, de la boue des canaux ou de la terre grasse et fertile. Mais, au commencement de la plantation, on doit employer, au lieu des engrais indiqués plus haut, des plantes aquatiques et des graines de cotonnier. Les racines auront de la chaleur, et l'arbre poussera rapidement.

Suivant un auteur nommé *Siu-kouang-ki*, on peut employer une pâte de haricots, de graines de chanvre ou de cotonnier, du fumier de cochon, de mouton, de bœuf ou de cheval.

Au commencement du printemps, les branches grandiront avec rapidité. On aura soin de retrancher les petits rameaux desséchés. Lorsqu'un arbre est bas et petit, il faut entr'ouvrir ses racines, et les entourer avec de la vase; sans cela les feuilles croîtraient lentement, et elles viendraient minces et dépourvues de suc.

Lorsqu'on couche les branches en terre pour en

faire des marcottes, elles pourriront si la terre est humide; mais, si la terre a de la chaleur, les racines pousseront promptement. Il est plus avantageux de reproduire les mûriers par marcottes que par semis.

Il y a un insecte appelé *sang-nieou*, qui fait beaucoup de mal aux mûriers. Il faut chercher son nid dans les fissures de l'écorce, et y verser de l'huile de l'arbre *thong* (*Bignonia tomentosa*); il périra sur-le-champ.

Quelques personnes font usage de la plante *pou-mou-tsao* dont les feuilles ressemblent à celles du bambou. On fait bouillir cette plante, et avec l'eau imprégnée de son suc on arrose les feuilles attaquées par cet insecte. On peut semer des légumes au bas des mûriers.

Dans les pépinières de mûriers, il ne faut point planter l'espèce d'arbre appelée *yang*. Les fissures de son écorce donnent asile à un grand nombre d'insectes qui mangent l'épiderme des mûriers, et y pratiquent des nids où leurs œufs éclosent. *Siu-kouang-ki* dit, au contraire, qu'il ne faut point bannir ces arbres des pépinières de mûriers; seulement on doit apporter un grand soin pour détruire les insectes qu'ils attirent.

Les mûriers de *Wang-haï* se plantent de la même manière que les mûriers blancs.

Dans le douzième mois (janvier), on ouvre les étangs et l'on garnit ces arbres de fumier : c'est-à-dire qu'on entoure leurs racines de terre limoneuse. Dans le deuxième mois, et quelquefois dans les troisième, sixième et septième mois, on enlève le limon dont on avait garni les racines des mûriers.

Les mûriers à branches roses sont d'une espèce qui vient forte et élevée. Il n'est pas nécessaire de les tailler pour que leurs branches deviennent épaisses. On doit les planter beaucoup plus tôt que les autres. Il convient de les placer près de la maison, mais on n'a pas besoin d'entourer les racines avec du limon des mares. Seulement, lorsque ces mûriers sont jeunes, il faut les garnir de fumier avant l'arrivée de l'hiver. Quelques personnes les fument deux fois et d'autres trois fois. Le douzième mois (janvier) est l'époque la plus favorable pour cette opération.

On lit dans l'ouvrage intitulé *Nong-sang-yao-tchi* : Toutes les fois qu'on a nouvellement planté des mûriers, on ne doit tailler les branches et cueillir les feuilles qu'à l'époque convenable. On ne doit pas cueillir les feuilles qui viennent sur les longues branches du centre de l'arbre. On se contentera de prendre les feuilles des branches latérales qu'on ne taillera point, afin que les branches et les petits rameaux deviennent épais et touffus. Alors on entourera les mûriers d'une haie, pour empêcher les bœufs et les autres animaux domestiques de brouter les feuilles, d'ébranler les arbres ou de les arracher. Ensuite, lorsque les rameaux du centre auront acquis de la force, on pourra couper les branches latérales.

Lorsque les racines sont fortes et étendues, la séve se porte avec abondance vers les rameaux du centre. Alors le mûrier croît et devient bientôt un arbre fort et élevé, il se fortifie de jour en jour et offre tous les signes d'une riche végétation.

SUPPLÉMENT

A LA

CULTURE DES MURIERS.

SUPPLÉMENT

A LA

CULTURE DES MURIERS.

GREFFE DES MURIERS [1].

On lit dans l'ouvrage de *Kouo-tho-tho* : Si l'on greffe le mûrier sur l'arbre *Kou*, ses feuilles seront larges et épaisses.

OBSERVATIONS DU TRADUCTEUR.

Cet arbre est le même que les naturalistes modernes appellent *Broussonetia papyrifera*. L'abbé Grozier en parle ainsi dans sa Description de la Chine :

« Cet arbre est d'autant plus précieux pour les Chinois,
« qu'il leur fournit une grande partie du papier qu'ils con-
« somment. Lorsqu'on rompt ses branches, l'écorce se dé-
« tache et s'enlève sous forme de longs rubans. Si l'on
« voulait juger de son espèce par ses feuilles, on croirait
« que c'est un mûrier sauvage; mais, par son fruit, il res-
« semble plus au figuier. Ce fruit tient aux branches, sans
« qu'il y soit attaché par aucune queue; il rend du lait

[1] Nous n'ignorons pas que les agriculteurs de France sont fort supérieurs aux Chinois dans la pratique des différentes greffes; mais nous avons cru devoir imprimer cet article, pour conserver le texte original dans toute son intégrité. (St. J.)

« comme la figue lorsqu'on l'arrache avant sa maturité.
« Un grand nombre de traits de ressemblance avec le figuier
« et le mûrier pourraient le faire regarder comme une espèce
« de sycomore. Il croît sur les montagnes et dans les ter-
« rains pierreux. »

———————

On lit ce qui suit dans l'ouvrage intitulé *Ssé-nong-
pi-yong* :

Il est avantageux de greffer des branches du mûrier de *Lou* (grande espèce de mûriers) sur le tronc
du mûrier de *Khing* (du mûrier nain).

Pour que la greffe réussisse, il faut choisir l'époque
du mouvement de la séve, rapprocher étroitement, et
avec une justesse précise, les parties qu'on veut sou-
der ensemble, les maintenir serrées à l'aide d'une
forte ligature, et les envelopper d'un emplâtre épais
pour qu'elles ne s'écartent point et qu'elles ne soient
point exposées à la gelée. Les dix jours qui précèdent
le terme appelé *Tchun-fen* (21 mars), sont la première époque favorable pour cette opération; les cinq
jours qui précèdent ou qui suivent sont l'époque
moyenne (ou la seconde époque, qui est moins favorable que la première); mais l'époque la plus favorable est celle où les yeux des branches ont pris une
teinte noire. Cette règle doit être suivie dans tous les
climats; mais il faut un temps serein et un jour où
règne une douce chaleur. Si l'union des parties n'é-
tait pas très-étroite, la communication de la séve au-

rait de la peine à s'établir entre le sujet et la greffe;
si l'on ne les maintenait pas par une ligature solide,
le vent et le froid s'insinueraient entre eux et empê-
cheraient leur soudure. Les sauvageons qui donnaient
des fruits petits et d'un goût désagréable, produisent,
après qu'on les a greffés, des fruits plus gros et d'une
saveur excellente. C'est dans un but semblable qu'on
a coutume de greffer les mûriers, afin d'améliorer
leurs feuilles.

———————

Lorsqu'on a besoin de greffes qui doivent être em-
ployées dans un endroit éloigné, il faut les prendre
d'avance; on saisit l'époque favorable et l'on coupe les
branches.

Lorsqu'on a coupé des branches garnies de boutons, qu'on veut transporter au loin, on les enveloppe
avec des feuilles de roseaux, et on les serre dans un
panier neuf et non vernissé, tressé avec des branches
de diospyros. Lorsqu'on a bien bouché l'ouverture du
panier, et que les greffes sont parfaitement à l'abri
de l'air extérieur, elles peuvent être transportées jusqu'à une distance de mille lis (cent lieues), sans cou-
rir le risque d'être endommagées par le froid. Pour
les arbres à fruits, il faut prendre les greffes sur des
branches de trois ans; la manière de les conserver et
de les unir (greffer) est la même que pour les mûriers.

Siu-kouang-ki dit à cette occasion : Les meilleures branches sont celles de l'année; c'est une erreur que de recommander, pour cet objet, des branches de trois ans. Pour greffer, il faut attendre absolument les derniers jours de la lune. Cette opération peut se pratiquer depuis le second quartier de la lune jusqu'au premier quartier de la lune suivante; mais le dernier jour de la lune est une époque bien plus favorable encore. Pendant le temps qui s'écoule depuis le premier quartier jusqu'au second, il faut s'abstenir de greffer; le temps de la pleine lune est plus dangereux encore.

GREFFE EN FENTE.

On commence par scier horizontalement la tige du sujet, à une petite distance de terre. A l'aide d'un couteau bien tranchant, dont la pointe est tournée en haut, on fait à droite et à gauche, dans l'écorce et l'aubier, deux entailles obliques d'un pouce et demi, qui vont en diminuant jusqu'à ce que leur extrémité forme un angle aigu. On prend alors une greffe longue de cinq pouces et à peu près grosse comme le doigt, on la taille en forme de prisme, à un pouce et demi de son origine, on la met dans sa bouche pendant quelques instants pour la réchauffer; puis on l'insère dans l'entaille qu'on a pratiquée latéralement sur le sujet.

Il est très-important que l'union des deux parties soit étroite et précise, de manière que le liber et l'aubier du vieil arbre coïncident parfaitement avec le liber et l'aubier de la greffe (qui est destinée à l'améliorer ou à le rajeunir). Le même sujet peut recevoir ainsi plusieurs greffes en fente, quand sa grosseur le permet.

On prend alors de la bouse fraîche, que l'on pétrit avec de la terre, et l'on en forme une enveloppe autour de la greffe ; ensuite on l'entoure solidement avec de l'écorce fraîche de mûrier. Ce n'est pas tout : on cache encore la ligature d'écorce avec le même emplâtre qu'auparavant ; ensuite on recouvre la greffe de cinq pouces de terre humide ; enfin, on attache tout autour de cette poupée de terre des branches épineuses pour protéger la greffe.

Quand les nouvelles pousses seront sorties à travers la terre humide, et qu'elles auront un ou deux pieds de longueur, on les coupera en en laissant seulement deux ou trois. Il est convenable de les maintenir par des tuteurs.

Siu-kouang-ki dit : La profondeur de l'entaille doit être proportionnée à la force de l'arbre et à la grosseur de la greffe. Il est important que l'écorce et le bois de la greffe coïncident exactement avec l'écorce et le bois du sujet ; mais il y a une condition plus importante encore, c'est la correspondance parfaite du point où l'aubier se joint à l'écorce.

Lorsqu'on veut greffer de grands mûriers, il convient de faire usage de la *greffe en fente* ou de la *greffe par insertion*. Quant aux petits mûriers, les greffes les plus favorables sont celles *en oreille de cheval* (c'est-à-dire la greffe en flûte) et *par compression* (c'est-à-dire la greffe en écusson).

Lorsqu'on greffe un arbre rez terre, il faut l'entourer de terre glaise comme ceux dont nous venons de parler plus haut, et que l'on greffe en fente à moitié de leur hauteur ; seulement on se contente d'entourer l'entaille avec du papier. Ensuite on l'enveloppe avec un vieux morceau de natte disposé comme une écuelle (c'est-à-dire en forme de cornet très-évasé) ; on y met de la terre humide pour alimenter la greffe ; on doit faire en sorte qu'elle soit à l'abri de l'air et du vent. Au lieu d'un morceau de natte, on pourra faire usage d'un vieux vase de terre sans fond. Quand on voit que la terre est sèche, il faut l'arroser pour maintenir l'humidité. Bientôt les rejetons sortiront à travers la terre humide qui enveloppe l'endroit greffé. Il faut bien se garder d'ôter cette terre ; mais à l'automne, lorsque les jets ont acquis de la force et que la greffe est solidement soudée, cette terre devient inutile. Dès que les greffes sont bien prises et participent à la vie du sujet, on peut les laisser si la force de l'arbre et le nombre des branches horizontales le permettent.

GREFFE EN ÉCUSSON.

Lorsqu'on greffe *par compression* (*en écusson*), on coupe une branche horizontale à un pied de la tige. (On ne peut pas déterminer rigoureusement la longueur qu'on doit laisser ; il faut avoir égard à la force de l'arbre.) Sur la greffe, à un demi-pouce en avant d'un œil, on incise en carré la peau et la chair (l'écorce et l'aubier) jusqu'à ce que la pointe du couteau soit arrivée à l'os (au bois); ensuite on enlève légèrement une plaque d'écorce et d'aubier portant un œil.

Au-dessous de l'œil et sur le bois, il y a un petit cœur (que nos agriculteurs appellent *corculum*) qui est gros comme un grain de riz : c'est le principe vital d'une petite pousse. Lorsqu'on lève l'écusson, il faut l'arracher avec la pointe de l'ongle, de manière qu'il reste attaché à la petite plaque d'écorce et d'aubier.

On met quelques instants dans sa bouche la plaque d'écorce et on l'applique sur la branche horizontale, où elle laisse une empreinte humide. On la reprend et on la remet de nouveau dans sa bouche ; puis, en conduisant la pointe du couteau sur la ligne carrée qu'a laissée l'écusson humide, on incise l'écorce et l'aubier, et l'on en enlève une portion de même largeur, de manière à dénuder l'os (le bois). On prend alors l'écusson et on l'insère à la place de la partie qu'on vient d'enlever (sur la branche horizontale). (Il est nécessaire que l'œil de l'écusson soit tourné en haut.)

On liera en haut et en bas les parties greffées avec de l'écorce fraîche et mince de mûrier. La ligature doit être serrée d'une manière convenable. Si elle l'était trop, la vie du sujet ne pourrait se communiquer à la greffe; si elle était trop lâche, les deux parties ne seraient pas assez rapprochées, et l'opération ne pourrait réussir.

On pétrit de la bouse avec de la terre glaise, et on en couvre les quatre côtés de la greffe en laissant l'œil libre.

On proportionnera le nombre des écussons à la grosseur de chaque arbre.

MANIÈRE DE GREFFER LES BRANCHES QUI ONT DE PETITES POUSSES.

On peut faire usage de la greffe *en oreille de cheval* (c'est-à-dire en flûte). On va dans la pépinière où sont des mûriers de *Khing* (des mûriers nains) plantés l'année précédente; on coupe leurs jets à deux pouces de terre, et on les taille obliquement en oreille de cheval (en flûte). Ensuite on prend une greffe de même grosseur sur un mûrier de *Lou* (mûrier de la grande espèce), et on la taille également *en oreille de cheval* (en flûte); on applique l'une sur l'autre *les deux oreilles de cheval* (les deux parties taillées en flûte), et on les lie solidement avec de l'écorce fraîche et mince de

mûrier. On couvre la greffe avec de la bouse mêlée
de terre glaise, et on entoure la branche greffée avec
de la terre humide. Quand les rejetons sont sortis de
terre, on pourra en laisser un ou deux (et couper les
autres). A l'automne ils auront atteint la hauteur d'un
homme d'une taille élevée. L'année suivante on les
transplantera dans la pépinière pour les y cultiver. On
se conformera aux règles tracées plus haut. Il faut absolument que la greffe soit de la même grosseur que
la branche du sujet qui doit la recevoir. Il faut encore
(et ceci est le point le plus important) que les libers
et les aubiers coïncident exactement entre eux.

On lit ce qui suit dans l'ouvrage intitulé *Wou-pen-
sin-chou* :

Les fruits de tous les mûriers s'améliorent par la
greffe. Toutes les fois qu'on veut greffer des branches,
il faut choisir les plus belles. Il est nécessaire de faire
usage des branches anciennes, qui sont tournées vers
le soleil (le midi); elles sont plus fortes et plus florissantes. Les jeunes branches, qui sont exposées au
nord, sont plus faibles et réussissent difficilement. La
racine et le tronc suivent chacun leur espèce. Cependant le mûrier nain de *Khing* peut être greffé sur le
grand mûrier de *Lou*; le *meï* (prunier) sur l'amandier,
et le pêcher sur le poirier.

Il y a cinq espèces de greffes :

1° La greffe sur le corps de l'arbre (la greffe en
fente); 2° la greffe sur racines; 3° la greffe sur écorce,

4° la greffe sur branches; 5° la greffe en écusson; 6° la greffe en flûte.

On lit dans l'ouvrage intitulé *I-sang-tsong-lun* :

On greffe dans le second mois. On distingue la greffe *en fente*, la greffe *par insertion*, la greffe *par compression* (en écusson), et la greffe *par application* (la greffe en flûte).

Il y a encore la greffe appelée *houan-tsié*, ou greffe *d'échange*. Cette expression s'applique à l'opération par laquelle on greffe le mûrier sur l'arbre *tchu-kou* (voyez le commencement de l'article sur la greffe); ses feuilles deviennent plus épaisses et plus larges.

FIN DE LA CULTURE DES MURIERS.

ÉDUCATION
DES VERS A SOIE.

ÉDUCATION
DES VERS A SOIE.

OBSERVATIONS
PRÉLIMINAIRES.

TÉMOIGNAGES DES AUTEURS CHINOIS

QUI PARLENT DE LA CULTURE DES MURIERS ET DE L'ÉDUCATION DES VERS A SOIE, DEPUIS LES TEMPS LES PLUS ANCIENS (DEPUIS 4438 ANS) JUSQU'A L'AN 976 DE NOTRE ÈRE.

On lit dans le livre des Vers à soie :

« La femme légitime de l'empereur *Hoang-ti*, nom-
« mée *Si-ling-chi*, commença à élever des vers à soie. »
C'est à cette époque que l'empereur *Hoang-ti* in-
venta l'art de faire des vêtements.

OBSERVATIONS DU TRADUCTEUR.

Le même fait se trouve exposé avec plus de détails
dans l'Histoire générale de la Chine, du P. Mailla, l'an 2602
avant notre ère (il y a 4438 ans).

5.

« Ce grand prince (*Hoang-ti*) voulut aussi que *Si-ling-chi*,
« sa légitime épouse, contribuât au bonheur de ses peuples.
« Il la chargea d'examiner les vers à soie et d'essayer à
« utiliser leurs fils. *Si-ling-chi* fit ramasser une grande quan-
« tité de ces insectes, qu'elle voulut nourrir elle-même dans
« un lieu qu'elle destina uniquement à cet usage. Elle trouva
« non-seulement la façon de les élever, mais encore la ma-
« nière de dévider leur soie et de l'employer pour faire des
« vêtements. »

C'est en reconnaissance d'un si grand bienfait, dit l'histoire intitulée *Waï-ki*, que la postérité a élevé *Si-ling-chi*
au rang des Esprits, et lui rend des honneurs particuliers
sous le nom de *Déesse des vers à soie*. (*Mémoires sur les
Chinois*, tom. XIII, pag. 240.)

On lit dans le chapitre *Iu-kong* du *Chou-king*, l'un
des cinq livres canoniques des Chinois :

« On put planter des mûriers et nourrir des vers à
« soie. »

OBSERVATION.

Suivant les annales de la Chine, ce chapitre a été composé vers l'an 2205 avant J.-C. (il y a 4041 ans.) Voyez
le *Chou-king*, trad. par le P. Gaubil, pag. 45. [St. Julien.]

On lit dans le *livre des Vers*, l'un des cinq livres
canoniques, au chapitre *Pin-fong*, ode 1 :

« Dans le mois où l'on nourrit les vers à soie (dans
« le quatrième mois), on cueille des feuilles de mû-
« rier. »

OBSERVATION.

Ce chapitre a été composé par *Tcheou-kong*, oncle de
l'empereur *Tching-wang*, vers l'an 1115 avant notre ère
(il y a 2951 ans). (St. Julien.)

On lit dans le *Li-ki*, ou livre des Cérémonies (l'un
des cinq livres canoniques des Chinois), au chapitre
Youeï-ling :

« Dans le dernier mois du printemps, l'impératrice
« jeûne, se purifie, et offre un sacrifice à l'Esprit des
« vers à soie. Elle va dans les champs situés à l'est et
« cueille elle-même des feuilles de mûrier. Elle dé-
« fend aux dames nobles et aux femmes des ministres
« de s'orner de leurs parures, et elle dispense ses sui-
« vantes de leurs travaux de couture et de broderie,
« afin qu'elles puissent donner tous leurs soins à l'é-
« ducation des vers à soie. »

OBSERVATION.

Le *Li-ki*, ou livre des Rites, d'où ce passage est extrait,
a été rédigé par Confucius, dont la naissance répond à
l'an 551 avant J.-C.

L'ouvrage que nous traduisons offre encore plusieurs

passages semblables, qui se rapportent au ivᵉ et au iiᵉ
siècle avant **J.-C.** [St. Julien.]

On lit dans l'ouvrage intitulé *Nong-sang-thong-kioué* :

« Le local appelé *Kien-kouan* (ou la maison des co-
« cons) est celui où l'impératrice élève elle-même des
« vers à soie. Dans les temps anciens, il y avait une
« plantation de mûriers appartenant à l'état, et un
« bâtiment appelé *Tsan-chi* (ou la maison des vers à
« soie), qui avait la même destination que celui qu'on
« désigne aujourd'hui par l'expression *Kien-kouan*, qui
« veut dire *la maison des cocons.* »

« L'impératrice jeûne, se purifie et offre un sacri-
« fice à *l'Esprit des vers à soie*, afin de donner l'exemple
« à tout l'empire et d'engager tout le monde à s'oc-
« cuper de l'éducation des vers à soie. L'impératrice
« se rend dans les champs de mûriers. Elle coupe
« d'abord une branche; une suivante, qui tient une
« corbeille, reçoit les feuilles de mûrier; ensuite
« l'impératrice coupe trois branches. Une dame d'hon-
« neur, revêtue du titre de *Chang-chou* ou présidente,
« se met à genoux et dit: C'est assez. Une suivante,
« qui tient une corbeille, reçoit les feuilles de mû-
« rier et va les donner aux vers à soie. Il ne lui est
« pas permis d'apporter les feuilles de mûrier dans la
« partie du palais appelée *Kin-chi*, ou maison d'Or. »

On lit dans l'histoire de l'empereur *Hiao-wen-ti*, qui commença à régner l'an 163 avant J.-C. :

« Un décret ordonna à l'impératrice de cueillir elle-
« même des feuilles de mûrier pour nourrir des vers
« à soie et fournir les vêtements destinés aux sacri-
« fices. »

L'AN 156 AVANT J.-C.

L'empereur *King-ti* rendit un décret qui ordonnait à l'impératrice de cueillir elle-même des feuilles de mûrier, afin de donner l'exemple à tout l'empire.

L'AN 48 AVANT J.-C.

La mère de l'empereur *Youen-ti* visitait la maison des cocons (ou des vers à soie), et, suivie de l'impératrice et des dames du palais, elle allait cueillir des feuilles de mûrier.

L'AN 58 APRÈS J.-C.

Sous le règne de *Ming-ti*, de la dynastie des *Han*, l'impératrice et les femmes des vassaux élevaient des vers à soie.

L'AN 220 APRÈS J.-C.

Sous la dynastie des *Weï*, la femme de l'empereur *Wen-ti* élevait des vers à soie dans un lieu situé au nord de la ville, pour se conformer au rituel de la dynastie des *Tcheou* (ouvrage composé dans le xe siècle avant J.-C.).

———

ENTRE LES ANNÉES 265 et 275 APRÈS J.-C.

Sous le règne de *Wou-ti*, de la dynastie des *Tsin*, dans les années *Thaï-khang*, l'empereur fit construire pour les vers à soie une maison appelée *Tsan-kong*. L'impératrice allait cueillir elle-même des feuilles de mûrier pour se conformer aux anciens usages de la dynastie des *Han* et de celle des *Weï*.

———

ENTRE LES ANNÉES 454 ET 457 APRÈS J.-C.

Sous la dynastie des *Song*, l'empereur *Hiao-wou-ti* fit construire une maison pour les vers à soie.

L'impératrice cueillait elle-même des feuilles de mûrier, conformément aux rites de la dynastie des *Tsin*.

L'auteur de l'ouvrage intitulé *Nong-sang-thong-kioué* continue à citer des faits analogues qu'il a recueillis dans l'histoire des empereurs suivants jusqu'aux années *Thien-pao* (de 968 à 976) de la dynastie des *Song*, sous laquelle il vivait, afin de montrer que, depuis les temps les plus anciens, l'impératrice élevait des vers à soie pour donner l'exemple à tout l'empire.

On lit dans l'ouvrage intitulé *Tsan-lun*, ou Considérations sur les vers à soie :

« Chaque espèce d'arbre a besoin d'un terrain par- « ticulier, mais le mûrier seul peut pousser en tous « lieux ; et par conséquent il n'y a pas un seul endroit « de l'empire où l'on ne puisse élever des vers à soie. »

Le livre des Vers dit au chapitre *Pin-fong* (composé vers l'an 1115 avant J.-C.):

« La jeune fille prend son panier élégant et suit des « sentiers dérobés pour aller cueillir des feuilles de « mûrier. » On voit, par ce passage, qu'on pouvait élever des vers à soie dans le pays de *Pin*.

OBSERVATION.

Le pays de *Pin* correspond au territoire où se trouve aujourd'hui *Si-'gan-fou*, capitale de la province de *Chen-si*, qui est située au nord-ouest de la Chine. [St. Jul.]

On lit dans l'ode *Tsiang-tchong-tseu*, du même ouvrage : « Gardez-vous de briser nos mûriers. »

Ce passage montre que l'on pouvait élever des vers
à soie dans le pays de *Tching*.

OBSERVATION.

Le pays de *Tching* correspond à l'arrondissement de
Tching-tcheou, dépendant du département de *Khaï-fong-
fou*, dans la province de *Ho-nan*, qui est située au centre
de la Chine. (St. Julien.)

On lit dans l'ode intitulée *Tche-lin :*
« Les mûriers croissent sur les collines escarpées,
« et le peuplier dans les vallées humides. »
Ce passage montre qu'on pouvait élever des vers à
soie dans le royaume de *Thsin*.

OBSERVATION.

Le pays de *Thsin* correspond à *Thaï-youan-fou*, qui est
aujourd'hui la capitale du *Chan-si*. Cette province est située
dans le nord de la Chine. (St. Jul.)

On lit dans l'ode intitulée *Mong :*
« Les feuilles de mûriers ne sont pas encore tom-
« bées; elles sont fraîches et abondantes. (*Ibid.*) Les
« feuilles de mûrier jaunissent et tombent. »

On lit dans l'ode intitulée *Sang-tchong :*

« Il m'a donné rendez-vous au milieu des mûriers. »

Ces deux passages montrent qu'on pouvait élever des vers à soie dans le royaume de *Weï*.

OBSERVATION.

Le pays de *Weï* correspond aujourd'hui au territoire de *Weï-hoeï-fou*, dans la province de *Ho-nan*, qui se trouve, comme l'indique son nom, au midi du fleuve Jaune. Le *Ho-nan* est situé au centre de la Chine. (St. Julien.)

———

On lit dans l'ode intitulée *Hoang-i* :

« Il coupa, il tailla les arbres appelés *yen* (mûriers « sauvages) et *tché* (arbres épineux dont les feuilles « servent à nourrir les vers à soie).

Ce passage montre qu'on pouvait élever des vers à soie dans le pays de *Tcheou*.

OBSERVATION.

L'auteur continue à montrer, par des citations d'anciens ouvrages, qu'on pouvait élever des vers à soie dans le pays de *Tcheou*, qui répond à une partie de la province actuelle du *Hou-nan*, qui est située au centre de la Chine; dans les pays de *Lou* et de *Thsi* (dans la province de *Chan-tong*), au nord de la Chine; dans le pays de *Thsou* (ancien nom de la province centrale de *Hou-kouang*, dont on a formé, sous la dynastie actuelle, les provinces de *Hou-pé* et de *Hou-nan*); dans le royaume de *Liang*, qui fait partie du territoire actuel du *Ho-nan*, province centrale de la Chine, et dans le pays de *Cho*, qui répond à une partie du territoire actuel du *Ssé-tchouen*, province occidentale de la Chine.

L'auteur termine ainsi cet article : « On peut cultiver et « moissonner les cinq espèces de grains dans les contrées « les plus froides de la Chine ; on peut également cultiver « les mûriers, sous quelque température que ce soit. »

CONSTRUCTION

DU

LOGEMENT DES VERS A SOIE.

On lit dans le livre des Rites (ouvrage rédigé par Confucius dans le ve siècle avant J.-C.) :

« L'empereur et les vassaux doivent avoir une plan-
« tation de mûriers appartenant à l'état et une mai-
« son pour élever les vers à soie. On l'établit près
« d'une rivière ou d'un ruisseau d'eau vive ; sa hau-
« teur est de onze coudées. On l'entoure à l'extérieur
« d'un haie d'arbrisseaux épineux. »

MÊME OUVRAGE.

On choisit, par le moyen des sorts, les dames des trois palais et les femmes nobles qui sont pures et entourées d'heureux présages, et on les envoie dans la maison des vers à soie, pour les nourrir, et s'oc-cuper de tous les soins de leur éducation.

THSI-MING-YAO-CHOU.

Il faut ouvrir des fenêtres aux quatre faces du logement. On y colle du papier pour garantir les vers de l'air extérieur. Dans l'intérieur de l'atelier on allume du feu aux quatres angles.

MÊME OUVRAGE.

Dans le troisième mois, à l'époque appelée *Thsing-ming* (le 5 avril), on ordonne aux femmes chargées de nourrir les vers à soie, de préparer leur demeure, et de boucher les trous et les fissures par où l'air pourrait pénétrer.

MÊME OUVRAGE.

Les vers à soie aiment naturellement le repos et craignent les cris bruyants; c'est pourquoi leur maison doit être tranquille et exempte de tout bruit. Ils aiment la chaleur et craignent l'humidité; c'est pourquoi leur logement doit être construit en planches. Dans une maison tranquille et retirée, ils ne seront point importunés par les cris et les clameurs des hommes. Dans une maison bien close, ils seront à l'abri des atteintes imprévues du vent du sud. Dans une maison construite en planches, ils seront à l'abri des exhalaisons et des vapeurs humides de la terre.

LE LIVRE DES VERS A SOIE.

Les vers à soie aiment un logement où règne une douce chaleur ; il faut, au contraire, placer les cocons dans un lieu frais.

———

WOU-PEN-SIN-CHOU.

La maison des vers à soie doit être éloignée des fumiers et des immondices (et de tout ce qui exhale une mauvaise odeur, comme les écuries, les étables, etc.). Ayez soin que, pendant la nuit, la lueur d'aucune lampe ne s'insinue à travers les fentes des croisées, et ne vienne à rayonner subitement dans la demeure des vers à soie. N'éteignez pas, dans l'atelier, de ces allumettes en papier qui répandent beaucoup de fumée.

Quand les vers viennent de naître, ils craignent la poussière que l'on fait en balayant. Ils n'aiment pas à entendre pleurer et crier ; ils n'aiment pas qu'on laisse entrer dans leur logement des personnes qui ne seraient pas parfaitement propres (par exemple, une personne qui serait accouchée depuis moins de trente jours, ou qui aurait ses mois).

(Cette observation est tirée d'un autre ouvrage sur le même sujet.)

Toutes les fois qu'on élève des vers à soie d'automne, le temps de leur naissance n'est pas éloigné des trois époques appelées *San-fo*. (Elles tombent au milieu de l'été). La chaleur (de l'été) subsiste encore, et, comme il se forme beaucoup d'humidité dans le logement des vers à soie, il faut prendre les mesures nécessaires pour que l'air circule librement dans toutes les parties de l'atelier.

CONSTRUCTION DE L'ÉTUVE.

Il faut creuser au milieu de la maison une fosse
dont la largeur et la profondeur soient proportion-
nées aux dimensions de l'atelier. La grandeur ordinaire de cette fosse doit être de quatre pieds sur
chacun de ses côtés. On élèvera des quatre côtés un
mur carré de deux pieds de haut, en briques liées
entre elles avec du ciment. On prendra de la bouse
de vache bien sèche et réduite en poudre, et l'on
couvrira le fond de la fosse d'une couche de cette
poudre, épaisse de trois à quatre pouces. On étendra
par-dessus un lit de morceaux de bois bien secs, ayant
au moins cinq pouces de diamètre, qu'on aura coupés
dans le dernier mois de l'année. On pourra prendre
du mûrier, de l'acacia, de l'orme, ou tout autre bois
dur et solide. Sur ces morceaux de bois on étendra
une seconde couche de bouse sèche et pulvérisée.
Dans les endroits vides entre chaque pièce de bois,
on battra fortement la bouse pulvérisée, de manière
à ne pas laisser le plus petit vide; car, s'il y avait des
vides, le feu produirait une flamme qui pourrait endommager la maison, et, en outre, ce feu ne pour-

rait durer longtemps. Quand on a complétement rempli la fosse, et qu'on a bien battu la bouse pulvérisée qui couvre les morceaux de bois et en remplit les interstices, on y répand encore une couche de même matière. Sept ou huit jours avant la naissance des vers à soie, on place sur la bouse sèche des charbons allumés qu'on couvre de cendre chaude. La bouse sèche prend feu, et dégage, pendant cinq à sept jours, une fumée noire et jaune. Un jour avant la naissance des vers à soie, on entr'ouvre la porte pour dissiper la fumée, puis on la referme soigneusement. Dès ce moment le bois et la bouse sèche se trouvent complétement embrasés jusqu'au fond de la fosse.

Quand les vers à soie sont jeunes, ils aiment la chaleur et craignent la fumée; par conséquent il ne faut pas faire un feu vif. De plus, un feu vif brûle tantôt avec force, tantôt il s'arrête tout à coup; il ne peut répandre constamment une chaleur égale et uniforme. Mais, quand le feu que nous recommandons est une fois bien allumé, il ne produit aucune fumée, et peut se conserver pendant un ou deux mois sans se diminuer ni s'éteindre. On éprouve une douce chaleur, sans s'apercevoir qu'il y ait du feu dans l'atelier. Mais, si l'on brûlait des branches menues, elles produiraient une fumée qui se répandrait partout. Il est nécessaire de construire sur les bords de la fosse un petit mur carré en briques, haut d'environ deux pieds, afin que la chaleur s'élève et arrive au milieu de l'atelier, et qu'elle s'y répande d'une manière égale. Ce mur servira encore à empêcher que les personnes qui circulent la nuit dans l'atelier ne tombent par mégarde dans la fosse. La maison étant construite de matériaux secs et propres à recevoir la chaleur, les parois des murs ne tarderont pas à être échauffés. La fumée qui se dégage de la bouse pulvérisée étouffe tous les insectes qui pourraient nuire aux vers à soie.

La bouse de vache répand dans l'atelier une odeur qui est salutaire aux vers à soie.

OBSERVATION DU TRADUCTEUR.

La surface de la fosse doit être couverte d'un carrelage en briques percées de plusieurs trous, pour faciliter le dégagement de la chaleur.

Il faut remplacer le vieux papier, qui garnit les fenêtres, par du papier blanc et parfaitement propre. De peur que la chaleur ne s'échappe au dehors, il faut se garder de lever les stores et les paillassons des fenêtres et des portes, pendant le temps que l'on met à arracher le papier ancien et à en coller de nouveau. Au haut de chaque fenêtre, il faut établir quatre grands stores d'un tissu serré. On les disposera de manière à pouvoir être roulés ou déroulés à volonté.

(Ssé-nong-pi-yong.)

6.

NONG-SANG-THONG-KIOUÉ.

Lorsqu'on a besoin d'un atelier pour les vers à soie, on construit une maison exposée au midi. On choisit surtout un lieu uni et agréablement situé. La meilleure exposition est celle qui est exactement au midi; celle du sud-ouest est moins bonne, celle de l'est l'est beaucoup moins encore.

Si la maison est ancienne il faut la balayer avec le plus grand soin et la crépir longtemps avant l'époque où l'on en aura besoin. Si on le faisait peu de temps avant la naissance des vers à soie, les parois conserveraient une humidité qui leur serait funeste. Quelques personnes couvrent cette maison avec des tuiles, d'autres avec du chaume. Il faut crépir en dedans et en dehors tous les bois de charpente et de menuiserie pour prévenir les dangers du feu. On élèvera dans l'atelier des piliers garnis de traverses pour recevoir les claies. Les fenêtres auront une grande ouverture qui laisse passer assez de jour pour bien distinguer le sommeil ou le réveil des vers à soie. Au-dessus des étagères on ouvrira de petites lucarnes pour augmenter au besoin la lumière le matin et le soir.

Au niveau du sol on placera de distance en distance des tuyaux ou conduits d'air communiquant avec le dehors, et disposés de manière qu'on puisse les ouvrir et fermer aisément. Ils serviront à dissiper l'humidité, ou à expulser les miasmes dangereux.

MÊME OUVRAGE.

Lorsqu'on veut élever des vers à soie, il faut d'abord ouvrir une chambre au levant pour y nourrir les vers naissants. On les retire de cette chambre avant et après leur second sommeil. Il faut fermer avec soin la fenêtre tournée à l'ouest, parce que les rayons du soleil couchant nuisent particulièrement aux vers à soie. Le vent du sud-ouest est très-dangereux pour les vers à soie. Afin de les en préserver, on élèvera en dehors une palissade éloignée de quatre à cinq pieds.

L'auteur consacre ici plusieurs lignes pour indiquer la place des idoles et les pratiques de dévotion qu'il faut employer pour la prospérité de l'atelier.

MÊME OUVRAGE.

Lorsqu'on veut nourrir les vers naissants, on ouvre d'abord une chambre située au levant. Aux quatre angles on construit des niches creuses (de petits poêles) disposées comme les trois étoiles de la constellation du cœur, c'est-à-dire en triangle, afin de distribuer la chaleur d'une manière uniforme. L'auteur ajoute que la petitesse de cette chambre permet de l'échauffer aisément.

Quand les vers à soie viennent de naître, ils ont besoin d'une extrême chaleur; à cette époque l'air est encore froid. Après le troisième sommeil (ou la troisième mue) les vers à soie ont besoin de fraîcheur. A cette époque l'air est déjà chaud. En outre, le vent, la pluie, le temps sombre, le temps clair, surviennent souvent à l'improviste; la température du matin et du soir, celle du jour et de la nuit, offrent de grandes différences. Si, dans ces diverses circonstances, on manque une seule fois de prendre les mesures convenables, les vers à soie tombent aussitôt malades. Mais on peut parer à tous ces changements de l'atmosphère si l'on suit fidèlement les règles que nous prescrivons ici.

Il faut établir tout autour de l'atelier (c'est-à-dire à chaque fenêtre) des stores qui puissent se rouler et se dérouler à volonté. Au milieu de la chambre on allume un feu souterrain. Si les vers à soie ont besoin de chaleur et que l'air extérieur soit froid, on abaisse les nattes qui garnissent les fenêtres et l'on répand de la chaleur dans l'atelier. Alors le froid du dehors ne peut y pénétrer, et une douce température se propage dans tout le local. Mais, s'il faisait un froid rigoureux, il serait impossible de le dissiper quand même l'on ouvrirait souvent les bouches de chaleur de l'étuve. Alors on allume au dehors des mottes de bouse sèche, et lorsqu'elles sont embrasées et ne produisent plus de fumée, on les place aux quatre angles de l'atelier. Bientôt une douce chaleur se répand partout; dès que le froid est dissipé l'on remporte le reste des mottes embrasées.

Lorsque les vers à soie ont besoin de fraîcheur et que l'air extérieur est chaud, on ferme les bouches de chaleur et l'on relève les stores des fenêtres; alors la chaleur intérieure se dissipe et la fraîcheur du dehors pénètre dans l'atelier. S'il faisait une chaleur étouffante, il ne suffirait pas de relever tous les stores pour la dissiper. Alors on enlève le papier des fenêtres, on ouvre les petites lucarnes du toit et les conduits d'air qui sont au niveau du sol, et l'on répand de l'eau fraîche en dehors des fenêtres et au bas des chassis. Bientôt un air frais se répand dans toutes les parties de l'atelier.

Quand cette chaleur étouffante est dissipée, on recolle du papier aux fenêtres et l'on bouche les conduits d'air. De cette manière les vers à soie ne sont incommodés ni par le froid ni par la chaleur, depuis le commencement jusqu'à la fin de leur éducation. Il y en a très-peu de malades et les coques ne laissent rien à désirer. C'est de l'observation de ces procédés que dépend tout le succès de l'éducation des vers à soie. Mais il ne faut pas que la fraîcheur soit remplacée subitement par la chaleur; on doit augmenter peu à peu le feu. Si l'on passait subitement du froid

au chaud, les vers à soie deviendraient jaunes et mous.
Quand il fait trop chaud, il ne faut pas non plus introduire subitement un air frais dans l'atelier; on doit
ouvrir peu à peu les fenêtres. Cette précaution est
nécessaire, car, si la chaleur était tout à coup remplacée par un air frais, les vers à soie ne tarderaient
pas à devenir blancs et à mourir. C'est encore un
danger grave qu'on doit connaître d'avance, afin d'é-
loigner les causes qui peuvent y donner lieu.

BAINS

QUE L'ON DONNE A LA GRAINE DES VERS A SOIE.

L'ancien dictionnaire *Eul-ya* cite trois sortes d'insectes qui forment un cocon : 1° le *Siang* ou le ver à soie qui se nourrit de feuilles de mûrier; 2° le *T'cheou-iu* qui se nourrit des feuilles du jujubier et des arbres appelés *hoa* et *louan*; 3° le *Hang* qui se nourrit des feuilles de la plante appelée *siao*.

On lit dans le *Chou-king* (l'un des livres canoniques des Chinois) : « Le premier jour de la lune du dernier « mois de printemps, la femme du prince lave la graine « des vers à soie dans la rivière. »

HISTOIRE ABRÉGÉE DU ROYAUME DE OU.

Dans le district de *Nan-yang* les vers à soie forment leurs cocons huit fois par an.

On distingue plusieurs sortes de vers à soie : les
vers à soie d'automne, les vers à soie d'hiver, et les
vers à soie sauvages.

———

Dans le district de *Yong-kia* on compte huit espèces
de vers à soie :

1° Les vers à soie appelés *Hang-tchin-tsan*. Ils forment leur cocon dans le troisième mois (avril);

2° Les vers à soie appelés *Tché-tsan*, c'est-à-dire
les vers que l'on nourrit avec les feuilles de l'arbre
Tché. Ils forment leur cocon au commencement du
quatrième mois (mai);

3° Les vers à soie appelés *Hang-tsan*. Ils forment
leur cocon dans le quatrième mois (mai);

4° Les vers à soie appelés *'Aï-tchin-tsan*, c'est-à-dire
vers à soie chéris et précieux. Ils forment leur cocon
dans le cinquième mois (juin);

5° Les vers à soie appelés *'Aï-tsan* ou vers à soie
chéris. Ils forment leur cocon vers la fin du sixième
mois (juillet);

6° Les vers à soie appelés *Han-tchin-tsan*, c'est-à-
dire vers à soie froids et précieux. Ils forment leur
cocon dans le septième mois (août);

7° Les vers à soie appelés *Ssé-tchou-tsan*, c'est-à-dire vers à soie qui viennent d'une quatrième ponte. Ils forment leur cocon au commencement du neuvième mois (octobre);

8° Les vers à soie appelés *Han-tsan*, c'est-à-dire vers à soie froids. Ils forment leur cocon dans le dixième mois (novembre).

On lit dans le même ouvrage : « Tous les vers à soie des premières espèces qui mûrissent deux fois dans un an (c'est-à-dire qui donnent de la graine pour une seconde éducation de la même année), s'appellent *Tchin-tsan*, c'est-à-dire vers à soie précieux. Il y a peu de personnes qui élèvent les vers à soie appelés *précieux*.

Les vers de la cinquième classe, appelés *'Aï-tsan* ou vers à soie chéris, proviennent de la graine des vers de la troisième classe, appelés anciennement *Hang-tsan*.

Lorsque les vers à soie (de la première classe) appelés *Hang-tchin* ont formé leurs cocons dans le troisième mois (avril), les papillons sortent, et l'on recueille leurs œufs. Dans le septième et le huitième mois, les œufs éclosent et les papillons naissent. Un grand nombre de personnes élèvent cette espèce de vers à soie. Ce sont là ceux qu'on appelle *Hang-tsan*, ou les vers à soie de la troisième classe.

Lorsqu'on veut obtenir des vers à soie appelés *'Aï-*

tsan, ou vers à soie chéris (de la cinquième classe), on prend des œufs des vers de la troisième classe, appelés *Hang-tchin,* on les met dans un vase de terre dont la dimension doit être proportionnée à la quantité de graine qu'on veut conserver. On bouche l'ouverture du vase avec du papier, puis on place le vase dans un bassin rempli d'eau de source, afin que la fraîcheur arrête l'éclosion de la graine. On laissera ainsi les œufs de trois à sept jours ; au bout de ce temps ils écloront, et l'on pourra élever les vers à soie. On les appelle *'Aï-tchin,* ou vers à soie chéris et précieux ; on les nomme encore *'Aï-tseu,* ou enfants chéris. Ce sont ceux de la quatrième classe.

Quand ils ont formé leur cocon, les papillons sortent et pondent leurs œufs. Sept jours après la ponte, les œufs éclosent et deviennent vers à soie. Un grand nombre de personnes élèvent les vers de cette espèce. Ce sont alors les vers de la cinquième classe, appelés *'Aï-tsan,* ou vers à soie chéris.

Il faut faire en sorte que l'eau où baigne le vase aille juste à la hauteur des œufs qu'il renferme ; car, si l'eau extérieure s'élevait au-dessus de la ligne des œufs, ils mourraient et ne pourraient plus éclore. Si l'eau extérieure était plus basse que les œufs, alors ils manqueraient de fraîcheur, et l'on ne pourrait arrêter leur éclosion. Si l'on ne pouvait arrêter leur éclosion, alors on ne pourrait les conserver de trois à sept jours dans le vase. Si l'on ne peut les conserver de trois à sept jours dans le vase, lors même qu'ils éclosent, ils ne peuvent *accomplir leur tâche*. Cette expression veut dire qu'ils filent vainement pour former leur cocon. Quand les papillons sont sortis et que les femelles ont pondu, leurs œufs ne peuvent éclore au bout de sept jours; ces œufs ne peuvent plus éclore que l'année suivante; mais il faut les déposer à l'ombre d'un arbre bien touffu. Il y a aussi des personnes qui les mettent dans un vase de terre non cuite. Ils éclosent au bout de trois à sept jours, et les vers qui en proviennent réussissent à former une coque bien conditionnée.

TSA-HOU-HING-CHOU.

Aujourd'hui l'on distingue treize sortes de vers à soie.

1° Les vers à soie qui ont trois sommeils et ne naissent qu'une fois;

2° Les vers à soie qui ont quatre sommeils et qui naissent deux fois, c'est-à-dire dont on emploie la graine pour faire une seconde éducation dans la même année;

3° Les vers à soie à tête blanche;

4° Les vers à soie appelés *Hié-chi-tsan*;

5° Les vers à soie du pays de *Thsou*. (*Thsou* est l'ancien nom de la province actuelle du *Hou-kouang*);

6° Les vers à soie noirs; parmi ceux-ci les uns naissent une fois, les autres deux fois (voyez 2°);

7° Les vers à soie cendrés;

8° Les vers nés d'une mère d'automne;

9° Les vers à soie du milieu de l'automne;

10° Les vers à soie appelés *Lao-thsieou-eul-tsan* (littéralement, vieux vers du petit automne);

11° Les vers de la fin de l'automne, appelés *Lao-hiaï-eul-tsan;*

12° Les vers à soie appelés *Kin-eul-tsan :*

13° Les vers à soie qui travaillent au même cocon. Tantôt deux, tantôt trois vers à soie travaillent ensemble au même cocon.

En général, la soie fournie par les vers de trois mues diffère beaucoup de celle des vers de quatre mues.

HAÏ-NING-HIEN-TCHI.

Dans la nuit qui précède l'époque appelée *tsing-ming*, le 5 avril, les personnes qui élèvent des vers à soie enveloppent la graine dans un vêtement de coton, et la placent sous elles dans leur lit; elles pensent que la chaleur naturelle du corps humain hâte la naissance des vers à soie.

MÊME OUVRAGE.

Le douzième jour de la dernière lune de l'année

(c'est-à-dire à la fin de décembre, ou dans le mois de janvier lorsqu'il y a une lune intercalaire), toutes les personnes qui élèvent des vers à soie baignent la graine dans de l'eau salée, l'exposent à des fumigations de melongène, et la cachent dans un morceau de balle de riz. Au bout de vingt-quatre jours elles la retirent; elles la baignent ensuite dans une eau vive et attendent l'arrivée du printemps.

SSÉ-NONG-PI-YONG.

Les vers d'été sont d'une autre espèce; on les appelle vulgairement *San-tsan*, ou troisièmes vers à soie.

Les vers qu'on élève au printemps donnent de la graine pour l'été; les vers qu'on élève en été donnent de la graine pour l'automne; les vers d'automne donnent de la graine pour le printemps de l'année suivante. Il ne faut négliger aucune de ces pontes, car autrement on manquerait de graine pour les éducations suivantes.

MÊME OUVRAGE.

Les vers à soie d'automne s'appellent aussi *Youen-tsan*, c'est-à-dire seconds vers à soie, ou vers à soie d'une seconde éducation. Mais, en cueillant des feuilles pour les nourrir, on ne manque jamais de nuire à l'arbre. Comme il arrive quelquefois qu'un malheur du ciel fasse périr les vers à soie du printemps, on ne peut se dispenser d'élever des vers à soie d'automne pour réparer les pertes qu'on a éprouvées. Mais les éducations tardives sont plus sûres et plus avantageuses que celles du commencement de l'année.

Siu-kouang-ki dit : « Les hommes d'à présent n'élèvent « pas de vers à soie d'automne ; ils se contentent de « conserver de la graine d'été pour l'éducation du prin-« temps suivant. Elle réussit également bien. »

Le même auteur dit encore : « C'est une idée fort « juste que de dire : Les vers à soie d'automne servent « à réparer les pertes qu'on a éprouvées au printemps « et à suppléer aux besoins de l'année. En automne, « on a beaucoup de beaux jours ; par conséquent l'édu-« cation de cette époque promet des succès plus assurés « que celle du printemps. Mais on rencontre au-« jourd'hui des gens qui disent : *Les vers à soie d'au-« tomne ne peuvent plus trouver des feuilles tendres.* On voit « qu'ils ignorent complètement les raisons puissantes « qui obligent de faire une éducation en automne, « savoir, la nécessité de réparer quelquefois les pertes « qu'on a éprouvées et de suppléer aux besoins de l'an-« née. Lorsqu'on élève des vers à soie en été ou en « automne, il faut prendre toutes les mesures néces-« saires pour les préserver des cousins et des mouches. »

MÊME OUVRAGE.

Après l'époque appelée *thsing-ming* (après le 5 avril), les œufs commencent à changer. D'abord ils prennent une teinte uniforme et se gonflent; ensuite ils s'arrondissent et présentent un côté pointu. Leur centre ressemble à la couleur des saules au commencement du printemps. Enfin ils se transforment en vers qui ont l'apparence de petites fourmis noires. Les vers qui se replient sur eux-mêmes d'une manière circulaire et qui ressemblent à une montagne qu'on voit de loin, sont ceux qu'il faut absolument garder; mais il ne faut pas élever ceux qui ont la tête plate, qui sont secs et comme brûlés, ainsi que ceux qui sont d'un bleu céleste, jaunes ou couleur de chair.

MÊME OUVRAGE.

Il y a des personnes qui arrosent la graine avec de l'eau salée. Cette opération s'appelle *sien-tsan*, c'est-à-dire *bain des vers à soie*. Cette graine, ainsi lavée, produit les vers à soie les plus estimés.

Les vers dont on ne lave pas la graine s'appellent *Ho-tsan*, c'est-à-dire vers à soie ardents (ce sont ceux d'automne). Ils sont moins estimés que les précédents.

On lit dans l'ouvrage intitulé *Sang-tsan-tchi-choué* :

« Ceux qui veulent que les œufs éclosent promptement
« déplient souvent, et roulent une à une les feuilles de
« papier où les papillons femelles les ont déposés. (Ce
« papier devra être fabriqué avec du coton ou de l'écorce
« de mûrier. Suivant les idées des Chinois, qui ban-
« nissent des ateliers tout ce qui est fait de chanvre,
« par exemple, les cordes et les tissus de chanvre, notre
« papier d'Europe serait très-nuisible aux vers à soie.)
« Ceux qui veulent retarder l'éclosion déploient les
« feuilles à des intervalles éloignés, et les roulent en-
« suite d'une manière serrée, sans laisser le moindre
« vide dans le centre du rouleau. »

HOANG-SING-TSENG DIT :

Le douzième jour de la dernière lune, en décembre, ou en janvier s'il y a un mois intercalaire, on fait
tremper la graine dans de l'eau salée, et on la retire
le vingt-quatrième jour. Alors la soie sera plus facile
à dévider.

UN AUTRE AUTEUR DIT :

Le huitième jour de la dernière lune, on fait tremper les feuilles couvertes d'œufs dans de l'eau où l'on
a fait bouillir de la cendre de branches de mûrier, ou

de la cendre d'herbes; on les retire au bout d'un jour. Le douzième jour de la seconde lune, on donnera un bain aux œufs le matin de l'époque appelée *thsing-ming;* puis on les enveloppera dans du papier de coton, et on les déposera dans la cuisine. On attendra que les feuilles de mûrier soient grandes comme une cuiller à thé, alors on enveloppera la graine dans du coton. Le soir, on la couvrira avec les vêtements chauds qu'on a portés pendant le jour; le matin on l'enveloppera dans la couverture du lit. Quand la graine est éclose, on doit échauffer les vers à l'aide du feu; mais, quand ils ne sont pas encore sortis de l'œuf, il faut bien se garder de les faire éclore au moyen de la chaleur du feu.

Lorsqu'on veut faire tremper les feuilles de papier couvertes d'œufs, on prend de la cendre de branches de mûrier, on humecte les feuilles et on les saupoudre de cette cendre. Ensuite on les roule et on les fait tremper dans de l'eau où l'on a dissous une certaine quantité de sel. Si l'on craint que les rouleaux de feuilles ne surnagent, on les maintient au fond de l'eau en les chargeant d'une assiette de porcelaine. On doit retirer les feuilles le vingt-quatrième jour.

On lave les feuilles dans une eau courante pour enlever la cendre, ou bien on les arrose dans un bassin; ensuite on les suspend au frais, et la graine éclôt à l'arrivée du printemps. Si une partie de la graine n'éclôt pas, on la conserve dans l'obscurité et l'onn'est point exposé à faire une dépense inutile de feuilles.

Le douzième jour de la seconde lune, on prend des feuilles des plantes appelées *thsaï* et *yé-thsaï*, des fleurs de poireau, de pêcher et de haricots blancs. On les écrase dans de l'eau et on y baigne les feuilles.

Lorsque les femelles pondent, elle s'arrêtent d'ordinaire au bout d'une nuit. Dans le cas contraire, les vers à soie que produisent leurs œufs ne peuvent éclore tous ensemble.

MÊME OUVRAGE.

Beaucoup de personnes conservent la graine de vers à soie dans des boîtes de bambou, où elle est exposée à tous les changements de température humide, tiède, chaude ou brûlante. Si elle passe subitement du froid à une chaleur excessive, elle en est affectée d'une manière funeste. Les habitants de la province de *Tché-kiang* appellent cela *Tching-pou*. Cette expression veut dire que les vers à soie contractent une maladie, lorsqu'ils sont encore dans l'œuf (littéralement, *sur la toile*, ou sur les feuilles de papier). Les vers de cette graine sont jaunes en naissant : or, les vers naissants qui sont jaunes ne valent pas la peine d'être élevés. On peut les comparer à un enfant qui a contracté une maladie dans le sein de sa mère. A sa naissance il est faible et débile. Il est difficile de le guérir de cette maladie innée. En général, lorsqu'on veut conserver de la graine de vers à soie, on étend les feuilles sur des planches de bambou, en faisant en sorte qu'elles ne soient pas exposées au vent ni au soleil. De plus, on les couvre avec une étoffe de soie, de peur que les papillons ou les insectes du coton ne les mangent.

On attend qu'il y ait beaucoup de neige, soit le premier jour de la dernière lune, soit dans le courant de la dernière lune, et l'on étend au milieu de la neige les feuilles couvertes de graines. Au bout d'un jour on les retire et on les étend de nouveau sur les planches de bambou, et on les couvre comme auparavant avec une étoffe de soie.

Quand le printemps est venu, on observe avec attention l'époque précise où la graine est sur le point d'éclore; on prend du cinabre en poudre, on le délaye dans de l'eau tiède, et on baigne la graine dans cette eau. L'eau ne doit être ni trop froide ni trop chaude; elle doit être maintenue à la température du corps humain.

MÊME OUVRAGE.

Lorsque les vers ne sont pas encore éclos, on pèse la graine, et on en écrit le poids sur le dos de la feuille où elle est attachée. Lorsque les vers sont éclos, gardez-vous de les balayer pour les séparer du papier. Il y a beaucoup de personnes qui, dès qu'elles voient les vers éclore, les détachent du papier avec un petit balai ou avec un petit plumeau; mais ces petits êtres, si délicats et minces comme un cheveu ou un brin de soie, ne peuvent supporter les blessures que leur fait le balai ou le plumeau. Il faut couper des feuilles de mûrier en filets extrêmement fins, et les semer d'une manière égale sur une grande feuille de papier. On applique le côté du papier où sont les vers éclos, sur celui qui est couvert de filaments de feuilles de mûrier. Les vers qui aiment l'odeur des feuilles de mûrier, descendent d'eux-mêmes sur le papier destiné à les recevoir.

Alors on pèsera de nouveau le papier où était la graine; on saura la quantité de vers éclos, et l'on pourra calculer combien il faudra de livres de feuilles pour les nourrir. Il vaut beaucoup mieux avoir plus de feuilles qu'il n'en faut pour le nombre de vers à soie qu'on veut élever. Alors vous aurez à votre disposition une nourriture abondante pour vos vers à soie, et vous ne serez point exposé aux malheurs que cause la disette des feuilles. Il y a beaucoup de personnes qui ne font point d'avance ce calcul; mais, quand les feuilles viennent à manquer, elles se trouvent réduites aux plus fâcheuses extrémités; elles mettent en gage ou vendent leurs effets pour s'en procurer. Elles ont la douleur de voir leurs vers à soie tourmentés par la faim; les claies sont jonchés de vers qui languissent et meurent. Ainsi, par leur imprévoyance,

elles sacrifient inutilement la vie d'un grand nombre
de ces précieux insectes.

NONG-SANG-TSI-YAO.

Il dépend de vous de retarder ou de hâter les changements de couleur qu'éprouve la graine; mais il faut
avoir soin que ces changements aient lieu d'une manière naturelle, et ne compromettent point la vie du
ver à soie qui est renfermé dans l'œuf.

Lorsque les feuilles de mûrier sont déjà poussées,
de huit à dix heures du matin, on retire du vase les
feuilles de papier, on les déroule et on les suspend.
Il n'y a point de règle rigoureuse pour déterminer le
progrès des œufs. Seulement il faut que le premier
jour leur couleur soit changée de trois dixièmes, le
second jour de sept dixièmes. Alors vous roulez les
feuilles, vous les mettez dans un tube de papier bien
collé des deux bouts, et vous les replacez dans le vase.
Le troisième jour, vers midi, vous retirez encore les
rouleaux du vase et vous les dépliez. Il faut qu'alors
leur couleur soit complétement changée.

L'art d'élever les vers à soie commence par le choix de la graine et la conservation des cocons. On prend, dans les coconnières, les cocons qui sont tournés vers le jour (c'est-à-dire ceux du haut de la coconnière) qui sont brillants, propres et d'un tissu serré.

Les papillons qui sortent le premier jour s'appellent *miao-ngo* (comme si l'on disait papillons en herbe). Les papillons qui sortent les derniers de tous s'appellent *mo-ngo* (c'est-à-dire papillons de la fin). Ni les uns ni les autres ne doivent être gardés. On prend seulement ceux qui sortent après le second jour. On étend les feuilles de papier sur les cases d'une étagère, alors les mâles et les femelles se rapprochent et s'accouplent. Quand le soir est venu, on sépare les papillons mâles, puis on place les femelles sur des feuilles de papier, en laissant entre elles une égale distance. On doit rejeter les œufs qui se trouvent en grumeaux. Lorsque les femelles ont pondu un nombre d'œufs suffisant, on laisse la graine sur les feuilles où elle est déposée, et on les couvre pendant trois ou cinq jours. Quand on suspend les feuilles, il faut que les œufs soient tournés en dehors (lisez : en dedans), de peur que le vent ne puisse les faire périr.

MÊME OUVRAGE.

Au solstice d'hiver, et le huitième jour de la dernière lune, il ne faut pas baigner la graine dans une eau trop profonde. Après l'avoir fait tremper, on la retire. Le quinzième jour de la lune (lorsqu'elle est dans son plein), on prend plusieurs feuilles couvertes de graines et on les roule ensemble. On les lie solidement avec une corde d'écorce de mûrier (ou de coton), puis on les suspend devant le vestibule au haut d'une perche élevée, afin qu'elles reçoivent le froid qui se fait sentir dans les derniers jours de l'année. Après le premier jour de l'an, on reprend les rouleaux, et on les met debout dans un vase de terre. Au bout d'une dizaine de jours, on observe le moment où le soleil est élevé sur l'horizon, et l'on retire les feuilles du vase. Chaque fois que le temps a été sombre et pluvieux, on les expose ainsi à la chaleur du soleil, aussitôt qu'il vient à se montrer.

Voilà la manière de baigner et de conserver la graine de vers à soie.

WOU-PEN-SIN-CHOU.

A l'époque appelée *thsing-ming* (le 5 avril), on prend les feuilles couvertes d'œufs, qui étaient déposées dans un vase de terre, on les transporte, à l'abri du vent, dans une chambre où règne une douce chaleur, et on les suspend juste à la moitié de la hauteur de ce local.

A l'époque appelée *kou-iu* (le 20 avril), on prend les feuilles et on les expose à l'air et au soleil, mais il faut les disposer de manière à mettre en dedans la partie qui était en dehors. Vous roulez de gauche à droite celles qui étaient roulées de droite à gauche, et vous roulez de droite à gauche celles qui étaient roulées de gauche à droite. Chaque jour vous les changez de côté, et vous les roulez dans un sens différent de la veille. Après les avoir suffisamment roulées et déroulées, vous les remettez dans le vase comme auparavant.

Quand l'époque de l'éclosion approche, vous transportez les feuilles dans une chambre où elles soient à l'abri du vent et du soleil; les vers à soie naîtront *tous ensemble*.

MÊME OUVRAGE.

Pour faire descendre les vers qui viennent d'éclore, il y a beaucoup de personnes qui frappent le revers de la feuille avec un petit bâton de bois de pêcher. Quand les vers sont descendus, elles les rassemblent avec un petit balai ou un plumeau, les mettent dans une enveloppe de papier et les pèsent, puis elles les répandent sur les claies. Dans la suite, aux différentes époques de leur existence, ils éprouvent des maladies qui viennent le plus souvent de cette pratique dangereuse.

Quand les vers sont éclos, il faut répandre sur une claie un lit de paille hachée où l'on place une ou deux jujubes cuites sous la cendre. Avant la naissance des vers à soie, on pèse avec soin les feuilles couvertes d'œufs. Après l'éclosion, on répand les vers nouvellement nés sur le lit de paille hachée. Il faut qu'ils soient distribués d'une manière égale et très-éloignés les uns des autres.

Quand les vers sont tous éclos, on pèse de nouveau les feuilles vides, et l'on connaît la quantité exacte des vers qu'on aura à élever.

Si l'on suit fidèlement les règles que nous venons d'exposer, on ne perdra pas un ver à soie sur cent.

Aujourd'hui l'on voit des personnes qui déposent sur une seule natte des vers provenant d'une ou de deux onces de graine; ils sont entassés et pressés les uns contre les autres. Il résulte infailliblement de là qu'elles perdent un grand nombre de vers à soie.

Lorsqu'on a des vers naissants qui proviennent de trois onces de graine, il est nécessaire de les répandre d'une manière égale sur une grande claie. Gardez-vous surtout d'élever un trop grand nombre de vers à soie, car si vos moyens ne vous permettent de nourrir que les vers provenant de trois onces de graine, et que, par cupidité, vous veuilliez élever les vers de quatre onces de graine, vous serez bientôt réduit à manquer d'espace, de claies, d'ouvrières et de combustible. De cette manière vous perdrez en même temps vos vers à soie et les dépenses que vous aurez faites pour cette éducation infructueuse.

NONG-TCHING-TSIOUEN-CHOU.

On lit dans l'ouvrage intitulé *Ssé-nong-pi-yong* :

Pour faire éclore les vers à soie, il faut connaître exactement les degrés de chaleur ou de froid qui leur conviennent, et la manière de hâter ou de retarder leur éclosion, de sorte qu'il n'y en ait pas *un seul qui naisse avant ou après les autres.*

Voici le procédé qu'il faut suivre.

Quand les œufs ont tous pris une couleur cendrée, on réunit deux à deux les feuilles couvertes de graine, et on les étend sur une claie parfaitement propre. Ensuite on les roule d'une manière serrée, on les lie des deux bouts avec une ficelle (de coton ou d'écorce de mûrier), et on place les rouleaux debout dans une chambre propre, fraîche et où il n'y ait point de fumée.

Le soir du troisième jour on retire les rouleaux, on les déploie et on les étend sur des claies. C'est une chose très-heureuse, si aucun ver n'est éclos. Mais si par hasard il y en a quelques-uns qui soient éclos avant les autres, on les enlève et on les jette. Ensuite on prend les feuilles trois à trois, on les roule ensemble d'une manière lâche, et on les dépose dans la chambre nouvellement chauffée pour les vers à soie. On observe avec attention le moment du lever du soleil; alors on déroule les feuilles, et on les étend une à une sur des claies au milieu de la cour. S'il y a de la rosée, on placera les claies dans une chambre fraîche ou sous une espèce de tente. Quelque temps après, on transportera les feuilles dans la chambre préparée pour les vers à soie, et on les étendra une à une sur des claies placées à terre. Au bout de quelques instants les vers à soie naîtront *tous ensemble,* sous forme de petites fourmis noires. Il n'y en aura pas un seul qui naisse avant ou après les autres. On pèsera alors les vers éclos, avec les feuilles de papier, pour connaître le nombre de vers à soie qu'on aura à nourrir, et calculer d'avance la quantité de feuilles dont on aura besoin.

MÊME OUVRAGE.

Lorsqu'on fait descendre les vers nouvellement éclos, il faut agir d'une main légère, les répandre sur la claie d'une manière égale, et laisser entre eux un espace convenable. Il faut prendre garde de ne point les blesser ou de les trop presser les uns contre les autres. Dès que les vers sont éclos tous ensemble, on prend des feuilles fraîches et tendres, et on les coupe en filets très-minces avec un couteau bien aiguisé; puis on les répand avec un tamis à larges trous sur la feuille qui doit recevoir les vers à soie, et sous laquelle on a répandu d'avance un lit de paille hachée. Il est nécessaire que les feuilles soient distribuées d'une manière uniforme en couches très-légères. Ensuite on prend les feuilles de papier où sont les vers nouvellement éclos, et on les applique sur les feuilles de mûrier; les vers descendent d'eux-mêmes sur les feuilles de mûrier. Si quelques vers sont trop long-temps à descendre, s'ils montent sur le dos de la feuille de papier, et s'ils ne descendent pas lorsque la feuille a été retournée, il faut les jeter avec la feuille même où ils restent attachés : ce sont des vers malades qu'il serait impossible d'élever.

MÊME OUVRAGE.

Le succès de l'éducation des vers à soie dépend des précautions que l'on prend dans l'origine, afin qu'à l'avenir ils ne soient exposés à aucun danger. Si les vers à soie ne s'éveillent pas *tous ensemble* de leur premier sommeil, cela vient de ce qu'ils n'ont point changé de couleur et ne sont pas éclos *tous ensemble* S'ils ne changent pas de couleur et ne naissent pas *tous ensemble*, cela vient de ce qu'on n'a pas suivi exactement les règles prescrites pour bien conserver les œufs.

MÊME OUVRAGE.

On lit dans le livre intitulé *Thsin-kouan-tsan-chou* :

Le premier jour de la dernière lune on réunit la graine et on l'arrose avec de l'urine de vache; ensuite on la lave dans une eau vive. Il faut faire en sorte que les feuilles couvertes d'œufs ne se déchirent point. (Un auteur conseille de les fortifier avec des fils de coton ou de soie, faufilés de distance en distance dans le sens de leur longueur et de leur largeur.)

NOURRITURE

DES VERS A SOIE.

La plupart des vers à soie de printemps ont quatre sommeils, tous les autres vers à soie n'ont que trois sommeils. Les habitants du pays de *Youé* expriment l'idée qu'on attache au mot *mien*, sommeil (mue), par le mot *yao*, jeunesse. Ainsi ils disent : la première jeunesse, la seconde jeunesse, la troisième jeunesse des vers à soie.

On distingue trois couleurs brillantes dans les vers à soie :

Quand ils sont d'une blancheur luisante, nourrissez-les modérément ;

Quand ils sont d'un bleu luisant, nourrissez-les abondamment ;

Quand leur peau se ride, c'est signe qu'ils ont faim ;

Quand ils sont d'un jaune luisant, diminuez peu
à peu la nourriture.

THSI-MIN-YAO-CHOU.

Chaque fois que vous donnez à manger aux vers à
soie, levez les stores des fenêtres, et baissez-les dès
qu'ils ont fini de manger. La lumière donne de l'appétit aux vers à soie (littéralement : dès que les vers à
soie voient de la lumière, ils mangent). Après avoir
beaucoup mangé, ils croissent et grandissent.

LE LIVRE DES VERS A SOIE.

Le lendemain de la naissance des vers à soie, on
leur donnera des feuilles de mûrier ou de *tché*, séchées dans un endroit bien aéré. Quand ils ont un
vingtième de pouce, ils mangent cinq fois le jour et
la nuit.

Le neuvième jour ils cessent de manger pendant
un jour et une nuit. Ce repos s'appelle le premier
sommeil.

Sept jours après, ils s'endorment de nouveau comme
la première fois. Quand ils ont mangé des feuilles et
qu'ils ont atteint la longueur d'un dixième de pouce,
ils mangent six fois le jour et la nuit.

Sept jours après ils s'endorment encore comme la seconde fois.

Cinq jours après ils cessent de manger. Cette abstinence dure deux jours (le sixième et le septième jour); c'est ce qu'on appelle *ta-mien* ou le grand sommeil. Alors les vers à soie ne mangent que la moitié de la feuille. Ils mangent huit fois le jour et la nuit.

Trois jours après ils éprouvent un grand appétit; ils mangent alors la feuille entière. Ils mangent dix fois le jour et la nuit. Avant que trois jours se soient écoulés, ils commencent à travailler à leur coque.

Toutes les fois que les vers à soie commencent à manger après un de leurs sommeils, il faut répandre légèrement les feuilles sur eux. Si on les jetait, ils en éprouveraient une émotion qui leur ôterait l'appétit.

<hr>

OBSERVATION DU TRADUCTEUR.

L'extrait qui précède se rapporte aux vers à soie de quatre mues dont l'éducation dure plus longtemps que celle des vers à soie ordinaires, c'est-à-dire des vers à soie de trois mues.

<hr>

HO-PI-SSÉ-LOUÏ.

Quand le ver à soie se couche et reste immobile,

ce repos s'appelle *sommeil*. Pendant ce sommeil, il ne mange pas de feuilles de mûrier ou de l'arbre *tché*. Au bout d'un jour et d'une nuit il quitte sa peau.

Il y a des vers à soie qui ont trois sommeils, il y en a qui ont quatre sommeils.

HOANG-SING-TSENG DIT :

Depuis la naissance des vers à soie jusqu'à leur troisième sommeil, on doit leur donner constamment des feuilles coupées. Lorsqu'on nourrit des vers à soie ardents, c'est-à-dire des vers à soie d'automne, il faut les surveiller avec le plus grand soin. Dès qu'ils ont mangé leurs feuilles, donnez-leur-en d'autres, car ils tomberaient malades s'ils respiraient, à jeun, la chaleur de l'atelier.

NONG-SANG-TSI-YAO.

Vers la fin de l'automne, lorsque les feuilles de mûrier ne sont pas encore jaunes, il faut en cueillir une grande quantité. On les fait sécher et on les brise de manière à les réduire presque en farine. Il faut les conserver dans un lieu chauffé par un feu qui ne produise aucune fumée. Elles serviront l'année suivante pour nourrir les vers à soie de printemps après chacune de leurs mues.

8.

MÊME OUVRAGE.

Le huitième jour du dernier mois (janvier), on fait tremper dans de l'eau fraîche de petits pois verts appelés *lo-teou* (dolichos). On les étend sur des claies, par couches peu épaisses, et on les fait sécher au soleil. En outre, on lave dans une eau pure du riz mondé et on le fait sécher. On doit conserver ces pois verts et ce riz dans un endroit situé à l'ombre. La farine qu'on en aura obtenue servira à nourrir les vers à soie au sortir de leur dernier sommeil ou de leur dernière mue. On la répand d'une manière égale sur les feuilles qu'on leur a données.

MÊME OUVRAGE.

Manière de nourrir les vers à soie naissants.

Il faut couper fréquemment des feuilles de mûrier en filaments très-menus et les répandre légèrement à l'aide d'un tamis. On doit distribuer de la nourriture sans interruption. Dans l'espace d'une heure (deux de nos heures) on leur donnera environ quatre repas, ce qui fait quarante-huit repas dans l'espace d'un jour et d'une nuit.

MÊME OUVRAGE.

Il faut absolument donner à manger aux vers à soie

le jour et la nuit. Si leurs repas sont multipliés, il en résultera nécessairement qu'ils arriveront vite à l'époque de leur vieillesse ; mais si leurs repas sont rares et peu nombreux ils vieilliront lentement.

Quand les vers à soie vieillissent en vingt-cinq jours, une claie peut donner vingt-cinq onces de soie. Quand ils vieillissent en vingt-huit jours, on n'en obtient que vingt onces. S'ils vieillissent en un mois ou en quarante jours, une claie ne donnera qu'une dizaine d'onces de soie.

Les personnes qui nourrissent les vers à soie doivent tâcher de ne point dormir. La paresse a de graves inconvénients.

Chaque fois qu'on a donné à manger aux vers à soie, il faut faire le tour des claies et les visiter avec la plus grande attention ; il est essentiel que les feuilles soient réparties d'une manière égale. Si le temps est couvert et pluvieux, si l'air extérieur est froid, avant de donner à manger aux vers à soie, on prend des branches sèches de mûrier ou bien une poignée de paille de riz dépouillée de ses feuilles, on y met le feu et l'on promène cette flamme autour et au-dessus des claies, afin de dissiper le froid et l'humidité qui engourdissent les vers à soie. Après cette opération, on leur donne à manger. De cette manière ils ne contractent aucune maladie. Au moment de leur sommeil, on observe le moment où ils sont *tous endormis*, et alors on suspend la nourriture. Ensuite on ne leur donne à manger que lorsqu'ils sont *tous éveillés*. Si on leur donnait de la nourriture lorsqu'il n'y en a que les huit ou neuf dixièmes d'éveillés, ils ne pourraient arriver *tous ensemble* à l'époque de leur vieillesse ; en outre, il y en aurait un grand nombre de perdus.

Depuis le second sommeil jusqu'au grand sommeil (le troisième sommeil), lorsque les vers prennent une teinte d'un jaune luisant et qu'ils se disposent à dormir, suspendez la nourriture et transportez-les sur d'autres claies. Lorsqu'ensuite ils sont *tous éveillés*, nourrissez-les lentement (c'est-à-dire donnez-leur des repas éloignés), et répandez les feuilles sur eux en couches très-légères. Si les feuilles étaient distribuées avec trop d'abondance, ils mangeraient sans appétit et tomberaient malades. Or, comme c'est la nourriture qui donne aux vers à soie la force et la vie, il faut apporter la plus grande attention pour qu'elle ait toutes les qualités convenables. Les vers à soie redoutent beaucoup les feuilles imprégnées de pluie ou de rosée ; s'ils en mangent, le plus grand nombre d'entre eux tombe immédiatement malade.

MÊME OUVRAGE.

Quand les vers à soie s'éveillent de leur grand sommeil (du troisième sommeil), il faut dissiper constamment la chaleur interne qui les incommode. On doit à cette époque leur donner des repas multipliés. Si par hasard le vent du sud vient à s'élever, il faut abaisser les stores des fenêtres et les paillassons des portes. Dans ce moment, il ne faut pas les transporter sur d'autres claies. Lorsqu'on répand les vers à soie sur les claies, il faut laisser entre chacun d'eux la distance d'un doigt. On prend alors les petits pois verts qu'on a mis en réserve au mois de janvier, et on les fait tremper dans une petite quantité d'eau jusqu'à ce qu'ils aient germé; ensuite on les fait sécher au soleil et on les réduit en farine.

Le riz mondé, qu'on a mis également en réserve au mois de janvier, peut être employé au même usage, après avoir été cuit à la vapeur et réduit en farine. Au quatrième repas, on répand cette farine d'une manière uniforme sur les feuilles de mûrier. Elle rafraîchit les vers à soie et dissipe la chaleur interne qu'ils ressentent à cette époque de leur âge, et qui est pour eux un poison mortel. La soie qu'ils donnent ensuite est plus abondante et plus facile à dévider; en outre elle est plus forte et plus brillante.

Si l'on n'a qu'une petite quantité de feuilles nouvelles, on prend les feuilles qu'on a récoltées dans l'automne précédent, on les brise de nouveau et on les réduit en poudre. On humecte légèrement les nouvelles feuilles, et l'on y répand, d'une manière uniforme, cette poudre de feuilles. On suppléera ainsi à la disette des feuilles de mûrier. On pourra aussi employer, au lieu de cette farine, les feuilles de la plante appelée *ou-kiu* (*cicorium intubus ?*).

NONG-SSE-PI-YONG.

Même sujet.

Il faut arroser de grand matin le pied des mûriers, et cueillir les feuilles aussitôt après. Si l'on arrose de grand matin, les feuilles auront beaucoup de suc; si on les cueille aussitôt après avoir arrosé, elles ne se dessècheront pas.

Il faut les couper en filaments menus avec un couteau bien aiguisé, et les répandre par couches légères avec un tamis à larges trous. Si l'on ne se servait pas d'un couteau bien affilé, les feuilles perdraient leur suc; si on ne les coupait pas très-menues, elles couvriraient et accableraient les vers à soie. Si l'on ne faisait pas usage d'un tamis, elles ne seraient pas distribuées d'une manière égale; si elles n'étaient pas réparties d'une manière égale, les vers à soie n'en mangeraient pas tous une égale quantité.

Le suc des feuilles est peu abondant; au bout de quelque temps il se tarit et se dessèche : c'est pourquoi les feuilles, immédiatement après l'arrosage, ont besoin d'être tamisées de suite sur les vers à soie.

Le premier jour, on leur donnera deux repas par

heure, c'est-à-dire environ quarante-huit repas dans l'espace d'un jour et d'une nuit.

Le deuxième jour, on leur donnera trente repas dans le même intervalle de temps, et les feuilles qu'on leur distribuera seront coupées un peu moins menues.

Le troisième jour, on leur donnera seulement vingt repas (pendant le jour et la nuit) composés de feuilles moins menues encore que le second jour. Il faut les tenir dans une grande chaleur et une grande obscurité. En général, les vers naissants ont besoin d'obscurité. Quand ils s'éveillent de leur sommeil ou mue, il faut leur donner un peu de lumière; lorsque, plus tard, ils montrent un vif appétit, il faut leur donner beaucoup de lumière.

MÊME OUVRAGE.

Autre méthode.

Aussitôt qu'on a coupé les feuilles en filaments très-minces, il faut les répandre en couches légères à l'aide d'un tamis. On leur donnera quatre repas par heure (deux de nos heures), ce qui fait environ quarante-huit repas dans l'espace d'un jour et d'une nuit. Quelques personnes n'en donnent que trente-six dans le même intervalle de temps. Voici là-dessus mon opinion. Les vers naissants ne se nourrissent que du suc des feuilles. Si leurs repas ne sont pas multipliés, ils ressemblent à de jeunes nourrissons qu'on priverait de lait dès leur plus tendre enfance ; dans la suite, ils ne manquent jamais d'être faibles et chétifs et de tomber malades.

Il faut donner aux vers à soie naissants des feuilles pleines de suc qu'on a cueillies la nuit précédente sur les branches exposées au sud-est. On garde ces feuilles à part dans une jarre de terre, et on les coupe en filaments très-minces dès qu'on les en a retirés.

MÊME OUVRAGE.

Méthode pour diminuer la nourriture et pour hâter la mue.

Quand les vers à soie se disposent à dormir (à muer), il faut diminuer leur nourriture en proportion du degré de jaune ou de blancheur que présente leur peau ; il faut couper en filaments minces les feuilles destinées à leur nourriture, et les répandre fréquemment en couches légères.

Lorsque les vers à soie sont complétement jaunes, on doit les transporter de suite sur d'autres claies sans s'embarrasser si le ciel est couvert ou serein, si l'on est au matin ou au milieu de la nuit. Quand vous les avez transportés sur d'autres claies, suspendez la nourriture, puis donnez-leur-en de nouveau quand ils sont *tous ensemble* sortis de leur sommeil. Voilà ce qu'on appelle *diminuer la nourriture* et *décider la mue*. Ces deux expressions veulent dire que l'on diminue la nourriture des vers à soie qui se disposent à muer (on a soin de ne point les couvrir ni les surcharger de feuilles), et que, d'un autre côté, on s'applique à nourrir abondamment les vers à soie qui ne se disposent pas encore à muer, afin qu'ils s'endorment promptement. Non-seulement ils pourront sortir *tous ensemble* de leur mue, mais ils seront encore exempts des maladies que leur cause l'accumulation des feuilles et la chaleur interne qui en est la suite.

NONG-SANG-THONG-KIOUÉ.

Les vers à soie peuvent se trouver dans dix états différents : ils ont froid ou chaud ; ils sont affamés ou rassasiés, clair-semés ou trop rapprochés, endormis ou éveillés ; ils mangent lentement ou avec appétit.

MÊME OUVRAGE.

Choses nuisibles aux vers à soie.

1° Les vers à soie n'aiment pas à manger des feuilles humides ;

2° Ils n'aiment pas à manger des feuilles chaudes ;

3° Les vers naissants n'aiment pas l'odeur du poisson qu'on fait frire dans la poêle;

4° Ils n'aiment pas à être dans le voisinage des gens qui pilent le riz dans des mortiers;

5° Ils n'aiment pas à entendre frapper sur des corps sonores;

6° Une femme qui est accouchée depuis moins d'un mois ne doit pas être *la mère des vers à soie,* c'est-à-dire être chargée d'élever les vers à soie;

7° Ils n'aiment pas qu'un homme qui sent l'odeur du vin leur donne de la nourriture, les transporte d'un lieu à l'autre, ou les répande sur les claies;

8° Depuis leur naissance jusqu'à leur vieillesse, les vers à soie redoutent la fumée et les exhalaisons odorantes;

9° Ils n'aiment pas que l'on brûle près d'eux de la peau, des poils ou des cheveux;

10° Ils n'aiment pas l'odeur du poisson, du musc, ou l'odeur qu'exhalent certains animaux herbivores (comme le bouc, etc.);

11° Ils n'aiment pas que, pendant le jour, on ouvre une croisée exposée au vent;

12° Ils n'aiment point à recevoir les rayons du soleil couchant;

13° Ils n'aiment point que, lorsque la température de leur habitation est chaude, on y introduise un froid vif ou un vent violent;

14° Lorsque leur habitation est fraîche, ils n'aiment

pas qu'on y répande tout à coup une chaleur excessive ;

15° Ils n'aiment pas que des personnes sales et malpropres entrent dans leur demeure;

16° Il faut avoir soin d'éloigner du logement des vers à soie les miasmes et les ordures.

MÊME OUVRAGE.

Le troisième jour, entre dix heures et deux heures après midi, on place trois claies sur une autre étagère. Celle de dessus garantit les vers de la poussière, celle d'en bas de l'humidité; celle du milieu est destinée à recevoir les vers à soie. On change les jeunes vers à soie qui sont déjà incommodés par une chaleur interne. On dépose sur la claie intermédiaire une petite quantité de vers occupant un espace large comme une dame à jouer; bientôt ils pourront la couvrir tout entière. Peu à peu on augmente les feuilles destinées à les nourrir. Le matin, si le temps est pur, on peut relever les stores des fenêtres situées au levant, et, pendant la journée, celles qui se trouvent dans une direction opposée au vent. Peu à peu ils changeront de couleur, et, suivant la couleur qu'ils prendront, on augmentera ou l'on diminuera leur nourriture. Lorsqu'ils seront devenus complétement jaunes, on cessera de leur donner de la nourriture. Ils restent immobiles, et c'est ce qu'on appelle *theou-mien,* ou le *premier sommeil.* Lorsqu'on les aura transportés après leur premier sommeil, on pourra leur donner six repas dans l'espace d'un jour et d'une nuit. Le second jour, on augmentera peu à peu la quantité des feuilles. On pourra ouvrir les fenêtres à moitié. Dès le premier moment qu'ils commencent à devenir jaunes, il faut leur donner une très-grande chaleur. Lorsqu'ils sont tout à fait endormis, ils ont besoin d'une bonne chaleur; lorsqu'ils sont tout à fait éveillés, ils ont besoin d'une faible chaleur.

Lorsqu'on a transporté les vers à soie après leur deuxième sommeil et qu'ils se sont éveillés tous ensemble, on doit d'abord leur donner de légers repas. On se bornera à quatre repas dans l'espace d'un jour et d'une nuit. Le lendemain, on pourra augmenter peu à peu la quantité des feuilles. Quelques personnes lèvent les stores des fenêtres.

Dès le premier moment qu'ils commencent à devenir jaunes, ils ont besoin d'une bonne chaleur; quand une fois ils sont tous endormis, on doit leur donner une faible chaleur; quand ils sont tous éveillés, ils ont besoin d'une douce chaleur.

Lorsqu'on a transporté les vers à soie après leur troisième sommeil, et qu'ils sont tous éveillés, on leur donne trois repas dans l'espace d'un jour et d'une nuit. Le premier repas doit être fort léger; le deuxième repas sera encore plus léger que le premier; le troisième repas sera le même que le premier. Si ces trois repas n'étaient pas administrés avec beaucoup de réserve, les vers à soie mangeraient lentement jusqu'à l'époque de leur vieillesse. Le second jour, on augmentera peu à peu la quantité des feuilles. On pourra relever entièrement les stores des fenêtres et ouvrir les lucarnes qui sont au-dessus des étagères.

Dès le premier moment qu'ils commencent à devenir jaunes, ils ont besoin d'une faible chaleur; quand ils sont tout à fait endormis, il leur faut une chaleur tiède; quand ils sont tous éveillés, ils ont besoin de fraîcheur. Après chacun des repas, on doit prendre une corbeille de feuilles et faire le tour des étagères. Si l'on aperçoit (sur une claie) une place vide, il faut la couvrir de feuilles que l'on parsèmera de farine de riz. Après le septième ou le huitième repas (de dix heures à deux heures après midi), on prendra des feuilles coupées et on les répandra sur les claies; on les humectera d'eau fraîche dans une égale proportion; puis, au bout de quelque temps, on y répandra de la farine de riz tamisée, en ayant soin de la distribuer d'une manière uniforme. Pour chaque corbeille de feuilles, on emploiera un *ching* (espèce de mesure) d'eau fraîche et quatre onces de farine. Si l'on n'en a pas, on emploiera seulement une corbeille de feuilles nouvelles; elle pourra fournir un repas aux vers d'une claie.

[Extrait de *Nong-tching-tsiouen-chou*. La farine de feuilles que l'on répand sur les feuilles fraîches remplit

le corps des vers à soie (c'est-à-dire est très-nourris-
sante) et les dispose à faire un cocon ferme et épais
dont la soie est d'une force remarquable].

Quand on a coupé les feuilles, on y injecte une
rosée d'eau fraîche dans une égale proportion; puis
on y répand, d'une manière uniforme, de la farine
de feuilles passée au tamis.

Après le grand sommeil des vers à soie (le troisième
sommeil), on leur donnera, à certains intervalles, de
trois à cinq repas de cette espèce. Quand les vers à
soie approchent de leur vieillesse, il ont besoin de
repas légers et fréquents et d'une faible chaleur.

MÊME OUVRAGE.

Si, parmi les vers à soie, il y en a de retardataires, c'est-à-dire qui ne paraissent pas disposés à
s'endormir en même temps que les autres, on doit
leur donner des repas très-fréquents, afin de les presser et de les faire arriver à la mue à la même époque
que le reste de la claie. Quand les vers à soie ne
s'endorment pas tous ensemble, cela vient d'une espèce de maladie qui date du commencement de leur
éducation. Voici la méthode qu'il faut suivre pour y
remédier. Si, parmi les vers à soie qui sont complétement jaunes, on en voit qui quittent leur couleur
blanche et tournent au jaune, il ne leur faut pas beaucoup de temps pour devenir complétement jaunes.

A l'aide de repas très-fréquents, ils pourront bientôt se mettre au niveau des autres : en effet, la multiplicité des repas hâte l'époque de leur sommeil.

Mais si, lorsque le plus grand nombre est complétement jaune, il s'en trouve beaucoup de bleus et de blancs, ils sont encore loin de devenir tout à fait jaunes; et quand on leur donnerait des repas fréquents, ce serait peine inutile : il est impossible qu'ils arrivent à la mue en même temps que les premiers.

Or le changement de couleur dans le ver à soie, est le moindre changement qu'il éprouve. Quand il s'endort, il cesse de manger et quitte sa peau; il éprouve alors un grand changement. Mais le plus grand de ces changements est sa métamorphose en chrysalide et en papillon. Quand un ver à soie est devenu complétement jaune, sa bouche se ferme, il ne mange plus et s'endort; il ressemble alors à un homme atteint d'une grave maladie; le sang répandu dans tout son corps éprouve de grandes modifications. S'il reste un jour et une nuit sans manger, le sommeil lui procure un heureux soulagement.

Si donc il y a encore beaucoup de vers à soie bleus et blancs, et que vous pressiez trop leur alimentation, vous dérangerez leur santé, et un sommeil précoce ne leur procurera aucun soulagement. Lorsque ceux qui étaient bleus ou blancs jaunissent et se disposent à dormir, tous les autres ont déjà accompli leur mue et se trouvent éveillés.

Quand les vers à soie commencent à sortir de la mue, ils n'ont besoin que de peu d'aliments; ils ressemblent à un convalescent à qui il ne faut que peu de nourriture pour réparer graduellement ses forces. Si, pendant que les retardataires dorment, vous suspendez la nourriture de leurs devanciers, ceux-ci languiront de faim et de faiblesse, et, en outre, vous serez obligé d'attendre, pour donner à manger à ceux-ci, que les retardataires soient éveillés. Un grand nombre d'entre eux contracteront des maladies, et vous récolterez très-peu de soie. C'est pourquoi l'auteur du *Tsan-king*, ou *Livre des vers à soie*, dit avec beaucoup de raison que « le réveil inégal des vers à soie cause toujours « une diminution de soie. »

MÊME OUVRAGE.

Lorsque les vers à soie viennent de naître, leur couleur est noire. Il faut augmenter peu à peu leur nourriture. Trois jours après ils deviennent graduellement blancs; alors ils gagnent de l'appétit. Il faut leur donner des feuilles coupées moins menu. Quand ils sont devenus bleus, c'est l'époque de leur grand appétit; il faut alors leur donner des feuilles plus abondantes et coupées encore moins menu. Quand ils redeviennent blancs, ils mangent lentement; il faut diminuer un peu leur nourriture. Quand ils deviennent jaunes, ils n'ont qu'un faible appétit; il faut diminuer encore

davantage leur nourriture. Quand ils sont complètement jaunes, ils cessent tout à fait de manger; c'est
ce qu'on appelle leur *sommeil*. Lorsqu'ils sont éveillés,
ils passent du jaune au blanc, du blanc au bleu, du
bleu à une seconde couleur blanche; enfin, du blanc
au jaune; c'est leur deuxième *sommeil*. A chaque sommeil ils éprouvent ces mêmes changements de couleur. Il faut les observer avec soin, afin de diminuer
ou d'augmenter leur nourriture dont la quantité doit
varier suivant les différentes situations où ils se trouvent.

Les feuilles qu'on leur donne ne doivent être ni
humides de rosée, ni séchées au vent ou au soleil, ni
imprégnées de mauvaises odeurs, car, dès qu'ils en auraient mangé, ils contracteraient des maladies. Si l'on
a soin de conserver d'avance une provision de feuilles
pour trois jours, on n'aura rien à redouter des longues pluies; les vers à soie ne mangeront jamais de
feuilles humides, et en même temps ils ne souffriront
jamais de la faim. Lorsqu'on revient de cueillir des
feuilles, il faut attendre, avant de les donner aux vers
à soie, que la chaleur qui vient de leur accumulation
dans les sacs, soit complétement dissipée. L'espace
d'un jour et d'une nuit est, pour les vers à soie, comme
une année qui a ses quatre saisons. Le matin et le
soir, sont comme le printemps et l'automne. Le milieu du jour ressemble à l'été; le milieu de la nuit
ressemble à l'hiver. Dans ces quatre époques, la tem-

pérature n'est jamais la même. Quoique l'on conserve un bon feu dans l'atelier, on doit apporter une grande attention pour le tenir au degré convenable à chacune de ces quatre époques. La proportion de la chaleur ne doit pas être constamment la même. Depuis leur naissance jusqu'à leur second sommeil, les vers à soie ont besoin d'une chaleur tiède. La mère des vers à soie (la personne qui les soigne) doit porter un vêtement simple (c'est-à-dire non doublé). Elle réglera la température de l'atelier suivant la sensation de froid ou de chaud qu'elle éprouvera. Si elle sent du froid, elle jugera nécessairement que les vers à soie ont froid, et alors elle augmentera le feu; si elle sent de la chaleur, elle en conclura que les vers à soie ont aussi trop chaud, et alors elle diminuera convenablement le feu.

Lorsque tous les vers à soie sont une fois endormis, si le ciel est pur et brillant, entre dix heures et deux heures, elle lèvera les stores des fenêtres pour introduire dans l'atelier de l'air et du jour. Si le vent est au midi, elle lèvera les stores des fenêtres du nord; s'il est au nord, elle lèvera les stores du côté du midi. L'air qui entre par un côté opposé à la direction du vent ne peut nuire aux vers à soie.

Lorsque les vers à soie seront sortis du grand sommeil (de la troisième mue), on leur donnera trois repas, puis on ouvrira avec des ciseaux le papier qui garnit les fenêtres, afin de faire pénétrer dans l'atelier de l'air et du jour. Les vers à soie n'en seront ni émus, ni incommodés.

Lorsqu'après le grand sommeil, on a levé les stores et coupé le papier des fenêtres, si l'air extérieur est trop chaud, on placera à l'entrée de la porte un vase de terre dont on renouvellera souvent l'eau, afin que l'air se rafraîchisse au passage. Si le vent s'élève, s'il pleut, ou si la nuit devient froide, on baissera immédiatement les stores des fenêtres.

NONG-TCHING-TSIOUEN-CHOU.

Les vers à soie sont d'une nature ardente. Il convient de faire usage du feu pendant tout le temps de leur éducation.

Voici un procédé pour réchauffer l'atelier :

On se sert d'un long fourneau muni de brancards pour qu'il puisse être porté par deux hommes. Lorsqu'on a répandu les feuilles sur les vers à soie, on attend qu'ils soient montés sur ces feuilles, et alors on commence à entrer avec le fourneau, qu'on aura soin d'allumer en dehors de l'atelier. Il faut que le feu se compose d'un brasier ardent ; on le recouvre d'un lit de cendres de paille pour empêcher qu'il ne s'en élève une flamme rouge et brillante. Quand les vers à soie ont fini de manger, on remporte le fourneau. Lorsqu'ensuite on donne d'autres repas aux vers à soie, on rapporte de même le fourneau à chaque fois. Alors les vers à soie échappent aux maladies que leur cause la chaleur; mais si l'on introduit le fourneau lorsque les vers à soie ont faim, ils gagnent aussitôt de l'é- chauffement. Si l'on introduit le fourneau aussitôt après leur avoir donné de la nourriture, c'est-à-dire lorsqu'ils sont encore sous les feuilles (lorsqu'ils n'ont pas encore eu le temps de monter sur les feuilles), ils seront bientôt incommodés par la fermentation de leurs crottes, et ils seront, en outre, accablés par les feuilles répandues sur eux.

MÊME OUVRAGE.

Lorsque l'air de l'atelier est chaud, s'il se refroidit subitement, les vers à soie perdent l'appétit et ne mangent point. On prend alors un réchaud rempli de mottes de bouse sèche bien embrasées et ne produi- sant aucune fumée, et, à l'aide d'une fourche de fer, on le promène plusieurs fois au-dessus des claies. Cette opération dissipe le froid qui engourdissait les vers à soie, et ils ne tardent pas à manger avec appétit.

DISTRIBUTION DES VERS A SOIE SUR LES CLAIES POUR LES ESPACER.

THSI-MING-YAO-CHOU.

Quand les vers à soie sont endormis, on a constamment besoin de trois claies. La claie du milieu est destinée à recevoir les vers à soie, la claie supérieure et la claie inférieure doivent rester vides. La claie inférieure préserve les vers de l'humidité de la terre, la claie supérieure les préserve de la poussière de l'atelier.

WOU-PEN-SIN-CHOU.

Lorsque les vers à soie viennent de naître, ils ont besoin d'être tenus fraîchement. On répand sur les claies un lit de paille hachée; il ne faut pas faire usage de paille de froment. Chaque jour, on les transporte une fois sur d'autres claies; si on ne les change pas, il leur survient ordinairement des taches blanches.

TRANSPORT DES VERS A SOIE.

Il faut plusieurs personnes pour transporter promptement les vers à soie. Si on les laisse longtemps entassés dans les corbeilles, ils s'échauffent et transpirent abondamment. Dans la suite un grand nombre d'entre eux tombent malades et meurent. Peu à peu ils diminuent à mesure qu'on les transporte; et ceux qui, plus tard, parviennent à leur vieillesse (à leur maturité), ne produisent que des coques minces et peu fournies.

Il faut enlever fréquemment les crottes des vers à soie; si on ne les enlève pas, elles s'échauffent; en s'échauffant, elles fermentent et dégagent des miasmes putrides. Dans la suite un grand nombre de vers à soie deviennent blancs et meurent.

Chaque fois qu'on transporte les vers à soie, il faut les distribuer sur les claies de manière à laisser de l'espace entre eux; s'ils étaient trop rapprochés, les plus forts mangeraient aux dépens des plus faibles. Il est nécessaire de faire souvent le tour des claies, et de les visiter avec soin. De plus, si l'air ne circule pas librement dans l'atelier, et que vous ouvriez tout à coup la porte, un vent funeste peut s'y glisser à votre insu, et dans la suite un grand nombre de vers à soie deviennent rouges et meurent. Lorsqu'on distribue

les vers à soie sur les claies, on doit le faire d'une
main légère; il ne faut pas les jeter de haut, ils se
blesseraient en se heurtant mutuellement. La santé
d'un grand nombre de vers à soie en souffrirait, et
dans la suite ils deviendraient ce qu'on appelle *laï-
lao-ong*, c'est-à-dire des *vieillards paresseux* qui laissent
une chrysalide rouge.

NONG-SANG-YAO-TCHI.

Il faut placer deux claies au-dessous de celle où
sont les vers nouvellement éclos. Lorsque le soleil est
assez élevé sur l'horizon, on ôte une claie et on la fait
sécher jusqu'au moment où il commence à se coucher;
on la prend et on la place de nouveau sous la claie
où sont les vers à soie. Le lendemain on ôte encore
la claie de dessous, on l'expose aux rayons du soleil
et on la remet à la même place comme la première
fois. De cette manière les vers à soie reçoivent naturellement une chaleur douce et tempérée. On enlève
cette claie après qu'ils ont mangé au sortir du second
sommeil.

MÊME OUVRAGE.

Il y a des vers à soie qui blanchissent et meurent;
cela vient de ce que, dans les premiers jours après
leur naissance, ils ont été incommodés par des exha-

laisons humides. Lorsque le ciel est pur et serein, on prend vitement trois ou quatre claies en forme de cribles, et on les transporte dans l'atelier des vers à soie, après les avoir exposées quelque temps aux rayons du soleil. Puis, à mesure qu'on transporte une claie, on la remplace par une autre claie. On s'arrête lorsque les claies des vers à soie sont suffisamment échauffées par la chaleur du soleil.

Les gens de la campagne disent vulgairement : « Lorsque les crottes des vers à soie sont sèches et « éparpillées, c'est signe qu'ils se portent bien. » Lorsque les crottes forment des plaques humides et d'un blanc luisant, cela annonce que les vers à soie sont malades; il faut alors les changer promptement de claies. Mais si, au moment où il convient de les changer, il survient une pluie humide ou un vent froid, on n'ose pas alors les déplacer; on prend de la paille de jonc hachée de la largeur d'un haricot, et l'on en distribue un ou deux boisseaux sur chaque claie, on la répand d'une manière égale sur les vers à soie; puis on sème par-dessus une couche de feuilles fraîches. Bientôt après les vers à soie montent pour manger les feuilles de mûrier. Le lit de paille de jonc isole entièrement les vers à soie des crottes qui pouvaient les incommoder. Dès que le ciel est devenu serein, on les transporte de nouveau sur d'autres claies; si l'on n'a pas de paille de jonc, on pourra la remplacer par la paille de riz.

SSÉ-NONG-PI-YONG.

Les vers à soie de trois onces de graine, qui occupent une claie au moment de leur naissance, pourront couvrir trente claies à la dernière période de leur vie. En général un dixième d'once de vers à soie nouvellement éclos peut fournir une claie de vers à soie mûrs, en supposant que la claie ait, comme d'ordinaire, dix pieds de long sur deux pieds de large. Si les claies sont d'une plus petite dimension, elles devront recevoir une plus petite quantité de vers à soie nouvellement éclos. S'ils sont trop nombreux pour l'espace qu'ils occupent, ils se trouveront trop serrés, et dans la suite il en résultera de graves accidents.

Les personnes qui veulent nourrir des vers à soie, pour couvrir plus de trente claies, doivent augmenter le nombre des claies destinées aux jeunes vers à soie (aux vers à soie naissants). Celles qui n'élèvent qu'une médiocre quantité de vers à soie peuvent se servir de corbeilles à petits rebords.

MÊME OUVRAGE.

Le troisième jour, entre dix heures et midi, on place trois claies sur une étagère séparée. Il faut changer les vers naissants qui ont déjà déposé une légère couche de crottes. On aura soin de le faire d'une main délicate. Une quantité de vers à soie, qui (au moment de leur naissance) occupaient la largeur d'une petite dame à jouer, devra être distribuée sur la claie intermédiaire.

TRANSPORT DES VERS A SOIE APRÈS LEUR PREMIER SOMMEIL.

SSÉ-NONG-PI-YONG.

On placera quatre claies sur une étagère séparée, et l'on s'occupera de changer les vers à soie qui ont déposé une légère couche de crottes. Quand ils auront mangé abondamment; une quantité de vers à soie, qui à leur naissance occupaient un espace large comme une grande dame à jouer, pourra remplir les deux claies intermédiaires; une quantité de vers à soie, qui occupaient une place large comme une petite pièce de monnaie, pourra couvrir la troisième claie.

TRANSPORT DES VERS A SOIE APRÈS LEUR SECOND SOMMEIL.

Une quantité de vers à soie, qui au moment de leur naissance occupaient un espace large comme une petite pièce de monnaie, pourra couvrir six claies. Quand ils auront mangé abondamment, les mêmes vers à soie pourront couvrir douze claies.

TRANSPORT DES VERS A SOIE APRÈS LEUR TROISIÈME SOMMEIL.

Une quantité de vers à soie, qui au moment de leur naissance occupaient un espace large comme deux pièces de monnaie, pourra couvrir vingt-cinq claies. Quand ils sont tous endormis, on enlève le lit de paille hachée; ils peuvent alors remplir jusqu'à trente claies.

Pour transporter et espacer les vers à soie d'une manière convenable, il faut agir avec beaucoup de promptitude et de douceur. On doit les séparer les uns des autres et laisser entre eux un espace égal, de peur qu'ils ne se mouillent les uns les autres, et qu'ils ne se nuisent réciproquement. Les vers à soie rendent beaucoup d'humeurs; c'est pourquoi il faut absolument les séparer. Lorsqu'ils ont déposé une grande quantité de crottes, il est nécessaire de les transporter sur d'autres claies. Si on ne les sépare pas, ils seront trop foulés. Si on ne les change pas de claies, ils seront incommodés par l'abondance des humeurs qui se dégagent de leurs corps. C'est pourquoi ces deux opérations doivent être faites avec une grande célérité.

Les vers à soie sont des êtres faibles et délicats; ils souffrent beaucoup d'être maniés rudement. Quand ils sont petits on les traite avec ménagement et avec une sorte d'affection; mais, quand ils sont devenus grands, il n'y a presque personne qui fasse attention à eux en les transportant. On les laisse longtemps accumulés et entassés pêle-mêle, on les lance de loin ou bien on les laisse tomber de haut. Ce défaut de soins et de précautions leur cause des maladies et souvent les fait périr; c'est pourquoi il faut les toucher d'une main légère et les distribuer sur les claies à une égale distance les uns des autres.

SANG-TSAN-TCHI-CHOUÉ.

Les vers à soie de quatre sommeils sont d'une espèce différente; on les élève de la même manière que les vers à soie de printemps (qui n'ont que trois mues). Seulement, après le troisième sommeil, on les distribue sur quinze claies. Lorsqu'ils ont mangé abondamment, on les répand sur vingt claies; et, après le grand sommeil (le quatrième sommeil), on les distribue sur trente claies.

NONG-SANG-THONG-KIOUÉ.

Sur chaque étagère on place trois claies; la première est destinée à recevoir la poussière de l'atelier, et celle de dessous à intercepter l'humidité du sol. On répand un lit de paille de riz hachée sur la claie intermédiaire, afin qu'elle puisse recevoir les vers à soie que l'on change. On brise et on amollit cette paille de riz, puis on la distribue d'une manière égale sur la claie du milieu; enfin on étend par-dessus une feuille de papier dont on colle les extrémités aux bords de la claie. C'est sur cette feuille de papier qu'on pose les vers à soie.

NONG-TCHING-TSIOUEN-CHOU.

Hoang-sing-tseng dit : Quand on veut transporter les vers à soie, on répand d'avance sur d'autres claies de la balle de riz broyée au moulin; cela les rend sains et dispos, et les préserve de maladie. Quelques personnes les changent à l'aide d'un filet qu'elles parsèment de feuilles de mûrier. Voyez la planche 2.

ENTRÉE DES VERS A SOIE

DANS LA COCONNIÈRE.

NONG-CHOU.

On fait le fond de la coconnière avec des planches de sapin, longues de six pieds et larges de trois pieds. On construit avec des bambous minces, dont on fait des flèches, un châssis dont la membrure est percée de grands trous. Dans ces trous on passe des roseaux; puis on croise par-dessus en long et en large des branches de bambous dépouillées de leurs feuilles. On recouvre le dessus de la coconnière avec une claie de roseaux tressés.

Les vers à soie ont alors un endroit où ils peuvent s'établir en sûreté sans craindre de tomber. Lorsque l'intérieur de la coconnière est bien disposé, qu'il offre la profondeur et la sécurité convenable, et que la claie ne présente aucun interstice, on y répand de suite les vers à soie. D'abord on inclinera un peu cette claie, jusqu'à ce qu'ils se soient vidés des matières excrémentielles; ensuite on les chauffera doucement avec de la braise. Quand ils auront commencé à entrer dans leur filet (c'est-à-dire lorsque leur coque formera déjà un léger filet), ou augmentera peu à peu la chaleur. Il ne faut point qu'ils s'arrêtent au milieu de leur travail; s'ils éprouvent un peu de froid, ils se promènent sur leur soie et cessent de filer. Lorsqu'on la dévidera elle se rompra fréquemment. En général on sera obligé de faire bouillir les cocons et d'en faire de la bourre de soie, parce qu'il est impossible de les dévider d'un bout à l'autre.

THSI-MIN-YAO-CHOU.

Quand les vers à soie sont parvenus à l'époque de leur vieillesse (c'est-à-dire de leur maturité), s'il survient de la pluie, elle endommage les cocons; il convient alors d'établir les coconnières dans l'intérieur de l'atelier.

OBSERVATION.

Les coconnières rondes et oblongues se placent dehors.

On étend un lit de petites branches sèches sur des claies, et l'on y répand les vers à soie. Quand on a terminé cette opération, on les recouvre encore d'un lit de branches sèches. Une étagère peut supporter dix grandes claies.

AUTRE MÉTHODE.

On peut remplacer les petites branches sèches par des tiges de plantes, dont on forme un lit, sur lequel on répand les vers à soie. On suspend les claies entre des piliers en bois, à l'aide de cordes ou de bâtons à crochets. On peut en placer un certain nombre les unes au-dessus des autres. Lorsqu'on a fini de suspendre ainsi les claies, on les échauffe doucement au moyen de réchauds placés au-dessous. Dès que les vers à soie sentent la chaleur, ils travaillent avec célérité; mais s'ils sont affectés par le froid, ils travaillent lentement. Il faut visiter fréquemment les claies. Dès qu'elles sont assez échauffées, on doit enlever les réchauds. Si un air frais circule au-dessus de la coconnière (tandis que le bas est échauffé), la soie ne sera pas gâtée par l'humidité qui se dégage des vers à soie; les vers à soie qui meurent, tomberont sur-le-champ, et les cocons des autres vers à soie ne seront pas salis par leur contact; les crottes n'adhéreront point aux cocons et n'y produiront point de tares. Si la soie était imprégnée d'humidité, il serait difficile de la préparer pour la teinture; si le cocon était sali, la soie se romprait aisément; si le cocon avait des tares il ne serait plus bon à rien.

Les coconnières garnies de tiges de plantes sèches sont aussi avantageuses que celles que nous venons de décrire.

MÊME OUVRAGE.

Il y a des pays où les coconnières se placent dehors; mais, si le soir l'air devient froid, aucun ver à soie ne peut se décider à faire sa coque. Lorsqu'on chauffe les coconnières, la soie devient plus propre à recevoir la teinture; en outre elle acquiert du lustre et de la blancheur.

WOU-PEN-SIN-CHOU.

Le terrain sur lequel on établit des coconnières, doit être élevé et uni. Elles doivent être bien aérées à l'intérieur. On y répandra d'une manière égale de petites branches, ou des tiges de plantes sèches; ensuite on y distribuera les vers à soie, en laissant entre eux une distance convenable : s'ils étaient trop rapprochés, ils s'échaufferaient mutuellement. S'ils s'échauffent entre eux, ils ont de la peine à former leurs fils, et de plus leur soie est difficile à dévider. Il ne faut pas établir des coconnières dans les endroits exposés au nord-est, dans ceux où l'on élève des animaux domestiques, au-dessous des arbres, au-dessus d'un fossé ou près des lieux couverts de fumiers et d'eaux infectes.

10.

NONG-SSÉ-PI-YONG.

Voici la manière d'établir les coconnières : on doit choisir un endroit sec et chaud, afin que ni le froid ni l'humidité ne puissent pénétrer dans l'intérieur de la coconnière. Quand les vers approchent de leur maturité, on allume du feu sur le terrain qui doit recevoir la coconnière, jusqu'à ce qu'il soit parfaitement sec ; ensuite on balaye les débris du feu et la cendre, et on y place la coconnière.

MÊME OUVRAGE.

On distingue six maladies des vers à soie dans la coconnière :

1° Lorsque les vers à soie salissent la coconnière ;

2° Lorsque les vers à soie tombent dans la coconnière ;

3° Lorsqu'ils se promènent sans travailler ;

4° Lorsqu'ils se changent en chrysalides rouges ;

5° Lorsqu'ils blanchissent et meurent ;

6° Lorsqu'ils deviennent noirs. La saleté de la coconnière vient de ce que les vers mûrs ont emporté avec eux des portions de feuilles qui ont fermenté et produisent une humidité funeste.

Les cinq autres maladies résultent toujours de l'humidité de la terre ou de la froideur de l'air extérieur.

COCONNIÈRES RONDES.

Planche 6.

HAN-CHI-TCHI-CHOUÉ.

On établit les coconnières sur un terrain élevé; chacune d'elles peut contenir les vers à soie de six grandes claies. Lorsqu'on voit que les vers à soie approchent des neuf dixièmes de leur maturité, il faut leur distribuer un peu de feuilles, puis on les transporte sur les claies de la coconnière à l'aide de corbeilles en forme de cribles. Il faut les manier doucement lorsqu'on les prend pour les mettre sur les claies des coconnières; on doit les espacer d'une manière égale; ensuite on les couvre avec de petites branches sèches ou des tiges de haricots. On continue à disposer de nouveaux vers à soie comme la première fois jusqu'à ce qu'on ait fini la troisième claie, et on les recouvre de nouveau d'un lit de petites branches sèches. Après cette opération, on dresse des branches renversées (c'est-à-dire dont la base est tournée en haut), afin que les vers à soie puissent y monter; elles peuvent recevoir tous les vers à soie des trois autres claies. En couvrant le haut de la coconnière avec des plantes sèches, on lui donne une forme arrondie, on l'entoure de claies par le bas, et l'on dispose par le haut des paillassons roulés en cône, de manière que la tête de la coconnière ressemble à la pointe d'un pavillon. Quand le soir est venu on entoure la coconnière avec de nouveaux paillassons depuis le bas jusqu'en haut; on les ôte le lendemain lorsque le soleil est assez élevé sur l'horizon. Le soir, on entoure de nouveau la coconnière avec des paillassons. Au bout de trois jours le travail des coques est achevé, et l'on n'a plus besoin de faire usage de paillassons.

Les coconnières oblongues appelées *Ma-theou-tso*, doivent également être garnies de paillassons. La construction de ces coconnières demande une plus grande quantité de matériaux. L'intérieur doit être muni de châssis pour recevoir les claies où l'on installe les vers à soie.

Lorsqu'on a une grande quantité de vers à soie, on doit faire usage des grandes coconnières oblongues appelées *Ma-theou-tso*. Il convient de les établir dans un endroit exposé au nord et au sud.

MÊME OUVRAGE.

Pendant les trois jours qui suivent l'installation des vers à soie dans la coconnière, entre huit et dix heures du matin, on enlève les paillassons et les nattes de bambou dont la coconnière est garnie, et on laisse les vers à soie exposés à la chaleur du soleil jusqu'à deux heures de l'après-midi; ensuite on la recouvre comme auparavant. Si la chaleur est trop forte il faut couvrir la coconnière d'un simple treillis de roseau pour garantir les vers à soie de l'ardeur du soleil.

AUTRE MÉTHODE.

Si le temps est pluvieux à l'époque où l'on se dispose à installer les vers à soie mûrs, on se contente d'établir les coconnières dans l'atelier même au bas des étagères. On ouvre les portes et les fenêtres afin que l'air y circule librement. Le matin et le soir, ou bien si le temps devient froid ou pluvieux, on ferme les portes et les fenêtres, et l'on réchauffe le local en y promenant un réchaud rempli de bouse sèche bien embrasée. Cela vaut mieux que de changer les vers de coconnière au commencement ou au milieu du travail, lorsque la première était exposée à la pluie.

AUTRE MÉTHODE.

NONG-SANG-THONG-KIOUÉ.

Dans les pays du midi on a coutume d'établir les coconnières dans la maison; dans le nord au contraire on les construit dehors; dans le midi on les place dans la maison parce qu'on élève peu de vers à soie, et qu'il est plus aisé de les soigner (littéralement, distinguer); mais cela n'est pas praticable lorsqu'on a une grande quantité de vers à soie. Dans les pays du nord

on place dehors le plus grand nombre de coconnières;
mais il arrive souvent qu'une multitude de vers sont
étouffés ou écrasés : ainsi les coconnières du midi et
du nord ont leurs inconvénients particuliers. Voici des
observations dues à un habile éducateur de vers à soie.

Dans le midi et dans le nord, lorsqu'on a peu de
vers à soie, on ouvre les portes et les fenêtres de l'atelier, et on y établit les coconnières. Cette méthode
est bonne, mais il faut y renoncer si l'on a une grande
quantité de vers à soie.

On construit au milieu d'une cour un long hangar couvert d'herbes sèches du printemps, et l'on y
établit les coconnières. Tout autour de ce hangar
on place des étagères en planches ou l'on étend de
petites branches sèches, puis on y répand les vers à
soie en les espaçant d'une manière convenable. Enfin
on entoure les étagères de nattes de jonc pour protéger les vers à soie.

De cette manière aucune maladie ne se déclare
dans la coconnière. Cette méthode paraît excellente.

NONG-TCHING-TSIOUEN-CHOU.

Les coconnières garnies de tiges de plantes sèches
valent beaucoup mieux que celles dont on fait usage
aujourd'hui. Voici pourquoi cette méthode n'est pas
suivie. Les coconnières placées dehors ne sont usitées
que dans les pays du nord; et, dans le midi, l'éduca-

tion des vers à soie tombe à l'époque des pluies appelées *Mcï-yu* (en avril), par conséquent il serait fort difficile d'employer ces sortes de coconnières; c'est pourquoi (dans le midi) tout le monde se trouve obligé d'établir les coconnières dans l'intérieur de la maison. Les coconnières doivent être chauffées à l'aide de réchauds placés au-dessous, à quelques pieds de distance.

***

SUITE DES COCONNIÈRES RONDES.

Dans la construction des coconnières on se sert de chaume, de branches sèches, de paillassons, de nattes, etc. Lorsqu'on veut construire une coconnière ronde, on établit d'abord le centre; on divise en cinq parties la circonférence du milieu qui doit être en planches de sapin, on y implante cinq perches que l'on attache ensemble à leur sommet, ensuite on les entoure de nattes de jonc : c'est là ce qu'on appelle le cœur, c'est-à-dire le centre de la coconnière. Alors on dresse tout autour, contre les nattes, des branches sèches où doivent monter les vers à soie. Lorsqu'on a fini de placer les vers à soie dans la coconnière, on l'entoure de nattes de jonc dans sa partie inférieure, puis on la couvre, par en haut, de paillassons roulés en cône, de manière à imiter la pointe d'un pavillon.

Voilà ce qu'on appelle *Touan-tso* ou coconnière ronde.

***

MA-THÉOU-TSO
OU COCONNIÈRES OBLONGUES.

Planche 5.

On plante des pieux aux deux bouts et on les joint par des traverses, que l'on couvre de chaque côté avec des lattes minces; c'est ainsi que l'on établit le fond de la coconnière. Pour le reste, on suit la méthode ordinaire. (Voyez le commencement du chapitre sur les coconnières.)

Ces coconnières oblongues sont généralement en usage dans le nord. J'ai vu dans le midi (dit l'auteur) des gens qui établissent les coconnières dans leur maison. Ils répandent des tiges courtes de plantes sèches sur les claies qui ont déjà servi pendant l'éducation, et ils y installent les vers à soie. Ce procédé demande peu de travail et de soins, et les vers à soie ne sont exposés à aucun des accidents qui en font périr un grand nombre dans les coconnières placées dehors.

OBSERVATION,

Le texte offre ici la description de la coconnière du midi, qui a été rapportée plus haut.

L'auteur ajoute : Voilà en général les coconnières qui sont en usage dans le midi. Si l'on compare entre elles les coconnières du midi et celles du nord, dont nous avons parlé plus haut, on voit que leur grandeur et leur petitesse (c'est-à-dire leur forme ronde ou oblongue) varient suivant qu'on a une grande ou une petite quantité de vers à soie. Mais, si l'on examine avec soin ces deux sortes de coconnières, on reconnaît qu'elles ont chacune leurs inconvénients particuliers. Dans le midi, où l'on élève peu de vers à soie, les coconnières sont petites et étroites. Les éducations de ces contrées sont presque un jeu et un amusement; aussi ne rapportent-elles que de médiocres bénéfices.

Les coconnières du nord sont grandes, à la vérité, mais elles présentent de graves défauts. L'accumulation des branches (ou des tiges de plantes) sèches étouffe un grand nombre de vers à soie. La pluie mouille souvent les coconnières, et quelquefois aussi le vent les renverse; ajoutez à cela la différence énorme qui existe entre la température extérieure et la température intérieure. De là naissent les maladies qui surviennent dans les coconnières, et qui diminuent considérablement le nombre des cocons. Mais, comme ces usages sont invétérés, il est fort difficile de les réformer tout à coup. Voici maintenant, ajoute l'auteur chinois, une autre méthode qui m'a été communiquée par d'habiles éducateurs de vers à soie.

Ils calculent à peu près la quantité de vers à soie

qu'ils élèvent, et choisissent dans la cour un espace vide. Ils y construisent en charpente légère, couverte de nattes et de paillassons, un long hangar qui, le reste de l'année, peut servir à d'autres usages. Quand les vers à soie commencent à mûrir, ils y établissent les coconnières. D'abord ils forment le fond de chaque coconnière, et en proportionnent la dimension à l'étendue du hangar. Entre les deux rangées de coconnières on laisse une espèce de couloir assez grand pour qu'un homme y puisse circuler librement et prévenir les dangers du feu. On place ensuite dans chaque coconnière des rayons en planches superposées, on les couvre de branches sèches couchées à plat, sur lesquelles on répand les vers à soie en laissant entre eux un espace convenable. Quand cette opération est terminée on entoure les coconnières avec des nattes doubles.

Si l'on a peu de vers à soie et qu'on possède un vaste local, on pourra ouvrir les portes et les fenêtres de l'atelier et y établir les coconnières. Cette méthode est excellente. D'abord les vers à soie sont bien couverts par en haut et ils n'ont point à redouter l'humidité qui se dégage du sol (lorsqu'on place les coconnières dehors). Ajoutez à cela que les rayons en planches (ou les claies des étagères) leur offrent une surface large et plane où ils peuvent travailler à leur aise. Il y a encore des personnes qui chauffent les coconnières. Ce procédé est excellent pour sécher et fortifier le fil que tire le ver à soie ; on l'a imaginé en empruntant aux coconnières du midi et du nord ce qu'elles ont d'utile. Il serait fort important que tout le monde suivît cette méthode qui ne cause jamais aucun regret, et offre constamment tous les avantages qu'on peut désirer.

CHOIX DES COCONS.

Lorsqu'on veut garder les cocons pour en obtenir de la graine, il faut absolument prendre ceux qui se trouvent au milieu de la coconnière. Ceux qui sont près du haut donnent très-peu de soie (ou une soie très-mince); ceux qui sont près du bas donnent de la graine qui ne peut éclore.

Dès qu'on a descendu les claies de la coconnière, il faut enlever promptement la bourre des cocons, et faire en sorte qu'ils ne puissent fermenter et se détériorer. Si l'on a une grande quantité de cocons, on les conserve sous des couches de sel; alors les papillons ne sortent pas, et la soie se trouve souple, forte et luisante.

Voici la manière de conserver les cocons.

On commence par exposer les cocons au soleil, jusqu'à ce qu'ils soient parfaitement secs. On place une grande jarre de terre dans une excavation; on étend au fond de la jarre une natte de bambou, ensuite on la couvre avec de grandes feuilles de l'arbre thong (*bignonia tomentosa*). Alors on fait une couche d'environ dix livres de cocons sur lesquels on répand deux onces de sel; on les couvre de nouveau avec des feuilles du même arbre. On continue ainsi à mettre des cocons couche par couche, jusqu'à ce que la jarre soit entièrement remplie. Enfin on bouche la jarre hermétiquement, en la lutant avec de la terre glaise.

WOU-PEN-SIN-CHOU.

Lorsqu'on veut élever des vers à soie, il faut songer avant tout à la graine qui doit provenir des cocons. Aujourd'hui, lorsqu'on a ramassé les cocons, on a l'habitude de les accumuler tous ensemble sur des claies. Quelques personnes n'ayant pas le temps de dévider de suite toute la soie, on voit des papillons qui sortent et qui pondent presque aussitôt. L'accumulation des coques produit une espèce de fermentation, et la chaleur fait naître des papillons avant l'époque convenable. Ce développement prématuré n'a jamais de bons résultats, car ces papillons sont malades; et de là vient que les vers à soie que produisent leurs œufs sont affectés de maladie dès le moment de leur naissance.

Lorsqu'on ouvre les coconnières (si l'on veut avoir

des cocons propres à la reproduction), il faut choisir ceux qui se trouvent dans la partie supérieure, et qui sont tournés vers la lumière ; ce sont des cocons forts et bien conditionnés. On doit les mettre à part, les porter dans une chambre bien aérée, et les étaler sur des nattes très-propres, par couches de l'épaisseur d'un seul cocon. Après que les cocons seront restés sur ces claies le temps nécessaire (pour la métamorphose des chrysalides), les papillons sortiront d'eux-mêmes sans être affectés par les causes de maladies que nous avons signalées plus haut.

MÊME OUVRAGE.

Il faut un grand nombre de personnes pour choisir en même temps tous les cocons dont on a besoin ; on les étend par couches de l'épaisseur d'un seul cocon, et on les conserve dans un endroit frais. Les papillons sortent très-tard. De cette manière, on n'est point obligé de se presser pour dévider la soie.

HOANG-SING-TSENG DIT :

Les cocons qui sont allongés, brillants et blancs, donnent une soie très-fine. Les cocons qui sont gros, obscurs, et d'un bleu de couleur de peau d'oignon, ne fournissent qu'une soie grossière. On doit enlever la bourre qui recouvre la soie. Les cocons qui sont mouillés intérieurement par les humeurs des vers à soie s'appellent *in-kien*, c'est-à-dire cocons obscurs.

Ceux qui sont minces et mêlés donnent une soie commune et épaisse. On ne doit pas laisser les cocons exposés longtemps aux rayons du soleil; autrement la soie se brûlerait et serait fort difficile à dévider. La même chose arrive lorsqu'on brûle des parfums dans la chambre où sont les cocons.

Les gros cocons s'appellent *tsou-kong*, c'est-à-dire ouvrage grossier.

HAN-CHI-TCHI-CHOUÉ.

Lorsque les vers à soie ont fait leur cocon, il faut choisir ceux qui sont fermes, et dont la surface offre de grosses raies; ils se dévideront très-promptement. Pour cela il faut les exposer à la vapeur de l'eau bouillante, et les dévider ensuite en les plaçant dans une bassine remplie d'eau tiède.

OBSERVATION DU TRADUCTEUR.

« L'expression du texte *ling-pen* signifie littéralement : « *bassine d'eau froide*. Le sens que j'ai cru devoir adopter « (eau tiède), est appuyé sur un passage positif du livre XXV, « folio 8, *verso*, ligne 2. »

Les cocons qni sont minces, et dont la surface offre
des raies fines, ne peuvent jamais se dévider promptement. Il ne faut pas les exposer à la vapeur de l'eau
bouillante. On doit les dévider en les plaçant dans une
bassine remplie d'eau chaude.

MÊME OUVRAGE.

Manière d'étouffer les chrysalides au moyen de la vapeur
de l'eau bouillante.

(Planche 9.)

OBSERVATION DU TRADUCTEUR.

« Dans l'Encyclopédie chinoise, intitulée *San-thsaï-thou-*
« *hoeï*, on recommande de jeter dans la marmite deux onces
« de sel et une once d'huile; l'auteur assure que cela em-
« pêche la soie de se dessécher, et la rend plus facile à dévider. »

On prend trois corbeilles de bambou et un couvercle tissu en paille molle, que l'on applique sur l'ouverture d'une marmite remplie d'eau bouillante.

On place sur le couvercle deux corbeilles, où l'on
a étendu trois à quatre pouces de cocons. On explore
la température en mettant souvent le revers de la main
sur les cocons de la claie supérieure. Si la main ne
peut endurer la chaleur, on retire la corbeille de dessous et l'on en met une autre sur la première. Il ne

faut pas que la vapeur soit trop forte, car elle ramollirait trop la soie; il ne faut pas non plus qu'elle soit trop faible, car les papillons ne manqueraient pas de percer les coques.

Si le dos de la main ne peut endurer la chaleur, la température de l'eau est au degré convenable pour le but qu'on se propose. Alors on transporte les corbeilles dans l'atelier, et l'on verse les cocons sur une claie; puis on les remue légèrement avec la main. Si les cocons remplissent la claie et commencent à former un monceau, on les partagera et on étendra le reste (c'est-à-dire la seconde moitié) sur une autre claie.

On attendra que les cocons soient entièrement refroidis, ensuite on les couvrira avec de petites branches de saule.

Il faut exposer tous les cocons à la vapeur dans le même jour; car si l'on ne pouvait étouffer tous les papillons, ceux des coques restantes ne manqueraient pas de sortir le jour suivant.

NONG-SANG-THONG-KIOUÉ.

Lorsqu'on a une grande quantité de cocons, et qu'on ne peut les dévider de suite, on les conserve sous des lits de sel, et alors les papillons ne peuvent sortir. Cette méthode est généralement suivie dans le midi, mais l'on a besoin d'un grand nombre de jarres de terre.

J'ai lu l'ouvrage intitulé *Nong-sang-tchi-kioué*, que l'on suit dans le nord, et voici ce que j'ai trouvé à ce sujet.

Quand on récolte les cocons, le meilleur parti est de les dévider immédiatement; mais, si on ne peut le faire, faute d'avoir un assez grand nombre d'ouvrières, on fait mourir les chrysalides, et l'on dévide les cocons aussi lentement que l'on veut.

Il y a trois manières de faire mourir les chrysalides :

1° En exposant les cocons à l'ardeur du soleil;

2° En les humectant avec de l'eau salée;

3° En les exposant dans des corbeilles de bambou à la vapeur de l'eau bouillante.

Cette dernière méthode est la meilleure, mais il y a beaucoup de personnes qui ne savent pas la pratiquer. Le séchage au soleil endommage les cocons; le plus sûr parti est de conserver les cocons dans des jarres de terre, sous des couches alternatives de sel et de feuilles.

NONG-TCHING-TSIOUEN-CHOU.

Lorsqu'on met du sel sur les cocons, il les humecte et les pénètre jusqu'au fond. Aujourd'hui beaucoup de personnes se contentent de serrer les cocons dans des jarres de terre. Elles enveloppent du sel, par paquets d'une once ou de deux onces, dans du papier, de l'écorce de bambou, ou des feuilles de nymphæa. Cette méthode est également bonne, mais il faut que l'ouverture de la jarre soit fermée hermétiquement afin que l'air ne puisse s'y insinuer; pour cela on se sert de terre glaise mêlée de sel.

SUPPLÉMENT

AU TRAITÉ CHINOIS

SUR L'ÉDUCATION DES VERS A SOIE.

SUPPLÉMENT

AU TRAITÉ CHINOIS

SUR L'ÉDUCATION DES VERS A SOIE.

GRAINE DES VERS A SOIE.

Toute chrysalide se change en papillon. Au bout de dix jours, il perce la coque et sort. La femelle et le mâle se ressemblent. La femelle reste immobile; le mâle s'enlève à l'aide de ses ailes et va trouver la femelle, à laquelle il s'unit. Après avoir été uni un jour et demi, il la quitte. Dès que le papillon mâle a quitté la femelle, il se dessèche et meurt. Le papillon femelle pond aussitôt ses œufs. Quelques personnes font pondre les femelles sur du papier (fait d'écorce de mûrier), d'autres sur un morceau de toile. Chaque pays a ses usages. Dans les districts de *Kia* et de *Hou,* on se sert d'un papier épais que l'on fabrique avec de l'écorce de mûrier. On peut, l'année suivante, faire encore usage des mêmes feuilles de papier.

Un papillon femelle pond environ deux cents œufs qui se collent au papier; chaque graine (chaque œuf)

est distribuée d'une manière égale, sans qu'il y en
ait plusieurs d'accumulées ensemble. La maîtresse des
vers à soie (celle qui dirige l'éducation) les conserve
pour les faire éclore l'année suivante.

BAINS QUE L'ON DONNE A LA GRAINE DES VERS A SOIE.

Nous indiquerons seulement les méthodes que l'on
suit dans les districts de *Kia* et de *Hou*. Dans le premier, on expose les feuilles de papier couvertes d'œufs
à la rosée du ciel, ou bien on les lave dans l'eau de
chaux; dans le second district, on se sert ordinairement d'eau de sel. On prend deux *ching* (deux dixièmes
de boisseau) de l'eau qui découle des monceaux de
sel, on les verse dans un plat, et l'on y met baigner
une feuille couverte d'œufs; on fait de même avec
l'eau de chaux. Le douzième jour du dernier mois de
l'année, on met ainsi tremper les feuilles jusqu'au vingt-
quatrième du mois, c'est-à-dire pendant douze jours
entiers, après quoi on les retire. On les fait égoutter
et on les sèche à une douce chaleur; ensuite on les
conserve précieusement dans une boîte. On ne doit
pas les serrer si l'air est humide.

Les œufs écloront à l'époque appelée *Thsing-ming*
le 5 avril).

Les personnes qui exposent les feuilles à la rosée

du ciel, le font exactement à la même époque que celles dont nous venons de parler. Elles mettent les feuilles sur des corbeilles d'osier qu'elles placent aux quatre angles du toit, et les chargent chacune d'une petite pierre pour les retenir. Elles les abandonnent ainsi à la gelée, à la neige, au vent, à la pluie, au tonnerre et aux éclairs. Elles les retirent au bout de douze jours; ensuite elles les serrent dans une boîte, comme nous l'avons vu plus haut, et les y laissent jusqu'à l'époque appelée *Thsing-ming* (jusqu'au 5 avril).

La graine tardive, c'est-à-dire la graine d'automne qui provient d'une seconde ponte de l'année, ne doit pas être lavée.

PRÉCAUTIONS POUR CONSERVER LA GRAINE.

On fait un petit châssis avec quatre morceaux de bambou, on y place les feuilles, et on le suspend sur une solive élevée où il soit exposé à l'air, et à l'abri du soleil. Il serait dangereux de laisser dégager audessous des feuilles de la fumée d'huile de *thong* (bignonia tomentosa) ou de la vapeur de charbon. Dans les mois d'hiver, la graine craint le rayonnement de la neige, qui a pour effet de la rendre vide et stérile. Lorsqu'il est tombé beaucoup de neige, il faut s'empresser de retirer les feuilles. Le lendemain, quand la neige est passée, on les suspend comme auparavant. On attend le dernier mois de l'année pour la laver et la serrer dans des boîtes.

DES DIFFÉRENTES ESPÈCES DE VERS A SOIE.

Il y a des vers à soie précoces (les vers à soie provenant de la graine du printemps) et des vers à soie tardifs (les vers qui proviennent de la graine d'automne). Chaque année, ces derniers éclosent cinq ou six jours avant les autres (c'est-à-dire qu'ils mettent cinq ou six jours de moins pour éclore); ils forment aussi leurs cocons beaucoup plus tôt (c'est-à-dire que leur maturité arrive plus promptement); mais ces cocons sont d'un tiers plus légers que les autres. Lorsque les premiers sont encore occupés à faire leur coque, ceux-ci sont déjà changés en papillons qui ont donné de nouveaux œufs. Voilà ce qui permet de les élever une seconde fois, c'est-à-dire d'employer leur graine à faire une seconde éducation dans la même année.

(L'auteur chinois ajoute en note qu'il faut se garder de manger les chrysalides des vers à soie tardifs.)

Lorsqu'on lave des feuilles couvertes de graine de vers à soie suivant les trois méthodes usitées, il faut avoir soin de noter la manière dont chaque feuille a été lavée. Car, si l'on se trompe une seule fois, et que,

par exemple, l'on mette tremper dans de l'eau salée,
la graine qui a été exposée à la rosée du ciel, toute
cette graine deviendra vide et stérile.

On ne distingue que deux couleurs dans les cocons,
les blancs et les jaunes. Le pays de *Tchouen-chen* et
celui de *Tsin-iu* ne fournissent que des cocons jaunes
sans mélange d'aucun blanc; les districts de *Kia* et de
Hou ne fournissent que des cocons blancs sans mélange
d'aucun jaune.

Si l'on accouple un mâle blanc avec une femelle
jaune, les vers à soie qui naîtront de cette union, for-
meront un cocon qui participera de ces deux couleurs.

On peut blanchir la soie jaune[1] en la lavant et en la
faisant tremper dans la graisse qui se trouve au milieu
des reins (*renes*) du porc; mais il y a deux couleurs
que les teinturiers ne peuvent lui faire prendre : celle
qu'on appelle *piao-pé* (couleur d'un blanc verdâtre,
comme celle des fruits du poirier ou de l'amandier)
et la couleur de fleur de pêcher.

On remarque plusieurs formes dans les cocons. Les
cocons des vers à soie tardifs (vers à soie d'automne)
ressemblent à une courge allongée; les cocons des
vers à soie dont la graine a été exposée à la rosée du
ciel sont pointus et allongés comme une pistache. Il
y en a qui sont ronds et aplatis comme des noyaux de
pêche. Il y a une autre espèce de vers à soie qui ne

---

[1] M. Darcet a décoloré des cocons jaunes au moyen de la graisse de porc.

(St. J.)

craint pas les feuilles salies de boue. On les appelle *Tsien-tsan*, c'est-à-dire vers à soie *méprisés* ou qu'on n'estime pas; ils donnent une grande quantité de soie.

On voit des vers à soie entièrement blancs, tachetés, entièrement noirs, rayés de couleurs brillantes; mais tous donnent la même soie. Aujourd'hui, dans les maisons pauvres, on a coutume d'accoupler un mâle précoce (un papillon mâle de printemps) avec une femelle tardive (c'est-à-dire provenant de la graine d'automne): on obtient une graine qui donne des vers à soie d'une espèce très-remarquable.

Les vers à soie sauvages forment leurs cocons d'eux-mêmes, c'est-à-dire sans le secours de la coconnière. Ils viennent de *Tsing-tcheou*, de *Y-chouï*, etc. Les vêtements faits avec la soie sauvage ne sont endommagés ni par la pluie ni par la crasse, ni par l'huile.

Quand le papillon femelle est sorti, il peut voler immédiatement. Il ne dépose pas ses œufs sur du papier. On trouve encore en d'autres pays des vers à soie sauvages, mais ils y sont plus rares que dans les deux endroits que nous venons de citer plus haut.

NOURRITURE DES VERS A SOIE.

Trois jours après l'époque appelée *Thsing-ming* (le 8 avril), les vers à soie éclosent d'eux-mêmes sans avoir besoin de la chaleur des vêtements ou des couvertures de lit. La maison des vers à soie doit être tournée au sud-est. On tapisse les murs intérieurs avec du papier collé pour boucher les fissures par où l'air pourrait pénétrer. Quand il fait froid, on chauffe l'atelier avec des réchauds remplis de braise allumée. Toutes les fois qu'on donne à manger aux vers à soie qui viennent de naître, on doit leur distribuer des feuilles tendres coupées en filaments minces. Pour ne pas endommager le couteau, on couvrira le bloc de bois (ou la table de bois) avec de la paille de riz ou de blé. Lorsqu'on a cueilli des feuilles, on les met dans une jarre de terre de peur que le vent ne les dessèche.

Avant le second sommeil, lorsqu'on veut changer les vers à soie de claies, il faut les lever avec un petit bâtonnet de bambou, dont l'extrémité est arrondie. Mais, après le second sommeil (après la seconde mue), on peut les prendre avec les doigts. Le changement des vers à soie exige un travail pénible et assidu. Les personnes paresseuses à changer les claies, accumulent sur les vers une grande quantité de feuilles. Ces feuilles, jointes aux crottes et à l'humidité, produisent une fermentation empestée qui fait mourir une multitude de vers à soie.

Lorsque les vers à soie se disposent à muer tous ensemble, ils ne s'endorment qu'après avoir jeté autour d'eux des fils de soie qui les aident à se débarrasser de leur peau. Les personnes qui les transportent sur d'autres claies doivent trier, avec beaucoup d'attention, les feuilles sur lesquelles ils se sont endormis et ne leur donner que celles qui sont parfaitement propres. Car, si, en sortant de leur sommeil, ils mangent une seule bouchée des feuilles où sont collés des fils de soie, ils enflent et meurent aussitôt.

Après le troisième sommeil, s'il fait dehors une chaleur brûlante, il faut se hâter de transporter les vers à soie dans une chambre fraîche et spacieuse. On doit avoir soin aussi de les mettre à l'abri du vent. En général, après le grand sommeil (après la troisième mue), on les changera de claies après douze repas. Si on les soigne avec une attention assidue, on obtiendra une grande quantité de soie.

DES CHOSES QUE CRAIGNENT LES VERS A SOIE.

L'auteur donne à peu près les mêmes conseils qu'on a lus plus haut page 123.

Il y ajoute les observations suivantes.

Les vers à soie craignent particulièrement le vent du sud-ouest. Quand il souffle avec force, si l'on n'a pas soin de fermer les fenêtres et les stores, on perd quelquefois les vers à soie de toutes les claies. Toutes les fois qu'une mauvaise odeur se fait sentir dans l'atelier, il faut brûler aussitôt, pour la combattre, des feuilles de mûrier fanées.

DES FEUILLES DE MURIER.

Tous les terrains sont favorables à la culture du mûrier. Dans les districts de *Kia* et de *Hou*, on reproduit les mûriers par marcottes. A l'aide de crochets de bambou, on approche peu à peu vers la terre les branches latérales du mûrier. Dans les mois d'hiver on les couvre de terre. Dans le printemps suivant, lorsque les racines sont formées, on sépare les marcottes des branches mères, et on les plante ailleurs. Tout le suc de l'arbre se rassemble et se concentre dans les feuilles, et le mûrier ne donne plus ni fleurs ni fruits.

Lorsqu'on a besoin de feuilles, on les cueille en les coupant avec des ciseaux. Dès que le mûrier a atteint sept ou huit pieds, on l'étête, et les feuilles poussent alors avec une grande abondance. On peut tirer à soi les branches pour les couper et les dépouiller ensuite de leurs feuilles. Il n'est pas nécessaire de faire usage d'une échelle, ou de monter sur l'arbre.

Voici la méthode qu'on suit pour reproduire les mûriers par semis. Vers l'époque appelée *Li-hia* (le 6 mai), lorsque les fruits de ces arbres sont violets et mûrs, on les cueille, on les écrase et on les fait tremper dans de l'eau jaune de terre glaise, ensuite on les répand avec l'eau à la surface de la terre. Dans l'automne de la même année, les jeunes mûriers seront déjà

hauts d'environ un pied. On les transplante l'année suivante. Si on les fume et qu'on les arrose avec un soin
assidu, ils croîtront rapidement. Si, dans le nombre, il
s'en trouve quelques-uns qui donnent des fruits et
des fleurs, leurs feuilles seront minces et peu abondantes. Il y a aussi des mûriers appelés *hoa-sang*, c'est-
à-dire mûriers à fleurs; leurs feuilles sont très-minces,
et impropres à la nourriture des vers à soie.

Les mûriers greffés donnent des feuilles épaisses et
nourrissantes. Il y a encore des feuilles qui proviennent de l'arbre *tché*; on en fait usage pour suppléer
à la disette des feuilles de mûrier. Je n'ai pas vu, dit
l'auteur chinois, d'arbres *tché* dans la province de
Tché-kiang, mais ces arbres sont très-nombreux dans
la province de *Ssé-tchuen*. Dans les familles pauvres,
on les donne aux vers à soie, lorsque les feuilles de
mûrier sont épuisées. Toutes les cordes d'arc et de
guitare doivent être faites avec de la soie des vers que
l'on a nourris de feuilles de *tché*. Leurs cocons s'appellent *ki-kien*. Cette expression veut dire que la soie
qui en sort est souple et forte.

Toutes les fois qu'on cueille des feuilles, il faut
absolument se servir de ciseaux. Les meilleurs sont
ceux que l'on tire du village de *Thong-hiang*, qui dépend du district de *Kia*. Dans les autres villages, il est
impossible de s'en procurer d'aussi tranchants.

———————

MANIÈRE DE COUPER LES BRANCHES.

Les branches d'une nouvelle pousse donnent, le mois suivant, une plus grande quantité de feuilles. En coupant un grand nombre de branches, on rend plus facile la cueillette des feuilles. Les feuilles des secondes pousses servent dans le second mois de l'été à nourrir les vers à soie tardifs ou d'automne. Alors on se contente de cueillir les feuilles, et l'on ne coupe point les branches. Lorsqu'on a cueilli les secondes feuilles, il en pousse de troisièmes en automne.

Les habitants de la province de *Tché-kiang* les laissent tomber d'elles-mêmes après les gelées. Ils les recueillent une à une et les emploient à la nourriture des moutons. Ces moutons donnent une abondante quantité de laine, qui leur procure de grands bénéfices.

***

DES FEUILLES QUI SONT NUISIBLES AUX VERS A SOIE.

Après le grand sommeil, c'est-à-dire la troisième mue, tous les vers à soie mangent avidement les feuilles humides. Celles qui ont été cueillies par un temps pluvieux peuvent être étendues par terre et données aux vers à soie. Quant à celles qui ont été cueillies par un temps pur et serein, si on les humecte d'eau et qu'on les donne aux vers, leur soie aura du lustre et de l'éclat.

Mais, lorsque les vers à soie n'ont pas encore subi leur troisième mue, si l'on cueille des feuilles par un temps pluvieux, il faut les suspendre avec une corde sous la saillie d'un toit où elles soient bien exposées à l'air. De temps en temps on remuera la corde, jusqu'à ce que l'air les ait parfaitement séchées; mais, si on les sèche avec la paume de la main, elles s'échufferont et perdront leur lustre. Dans la suite la couleur qu'on aura donnée à la soie ne tardera pas à se ternir et à se passer.

Toutes les fois que les vers mangent avant leur sommeil, il est très-important de bien les rassasier; mais, quand ils sortent de la mue, on peut sans inconvénient attendre une demi-journée avant de leur donner de la nourriture. Les feuilles humides qu'on cueille par un temps pluvieux font le plus grand mal aux vers à soie. Si donc il fait du brouillard dès le matin, il faut se garder de cueillir les feuilles et attendre que le brouillard soit dissipé. Alors on peut cueillir les feuilles, que le temps soit clair ou pluvieux. Si les feuilles sont humides de rosée, on ne doit les cueillir qu'après qu'elles ont été séchées par les premiers rayons du soleil levant.

MALADIES DES VERS A SOIE.

Les vers à soie contractent souvent des maladies lorsqu'ils sont encore renfermés dans l'œuf. Lorsqu'ils sont éclos, il dépend de l'homme d'empêcher et de prévenir celles qui naissent de l'humidité, de la chaleur et de l'accumulation des vers. Lorsqu'on change les vers de claies, à l'époque du premier sommeil, c'est-à-dire après la première mue, et qu'on se sert pour cette opération de corbeilles vernissées, il ne faut point les couvrir, afin de laisser évaporer l'humidité dont ils abondent.

Toutes les fois qu'un ver à soie est sur le point de tomber malade, le dessus de sa tête devient brillant, et tout son corps prend une teinte jaune. Sa tête grossit peu à peu et sa queue s'amincit. Si, à l'époque où les vers à soie entrent tout ensemble dans la mue, il y en a qui se promènent et ne s'endorment point, ou qui prennent peu de nourriture, lorsque tous les autres mangent avec appétit, ce sont autant de symptômes de maladie. Il faut les enlever promptement, de peur qu'ils ne gâtent tous les autres par leur contact. En général un ver à soie vigoureux et plein de santé s'endort sur les feuilles. Ceux qui restent sous les feuilles sont des vers faibles ou paresseux qui font un cocon très-mince, ou bien qui ne savent pas l'art de le façonner. Ceux qui jettent leur soie à tort et à travers,

et forment un cocon trop large, sont des vers stupides
(*sic*) et non des vers paresseux.

MOYEN DE RECONNAÎTRE LES VERS A SOIE QUI SONT MÛRS
POUR FILER.

Quand les vers à soie ont suffisamment mangé de
feuilles, il est très-important de savoir reconnaître le
moment précis où ils sont mûrs pour filer. Les vers
éclosent en général entre huit et dix heures; aussi
est-ce ordinairement à la même époque de la journée
qu'ils sont mûrs pour filer leurs cocons.

Quand un ver à soie est mûr, les deux glandes qui
sont au bas de sa gorge sont claires et transparentes.
S'ils sont trop jeunes d'un dixième lorsqu'on les met
sur la coconnière, ils donnent très-peu de soie; s'ils
sont trop vieux d'un dixième et qu'ils commencent à
laisser échapper des fils de soie, ils ne manquent jamais de former un cocon très-mince. Il faut un œil
bien exercé pour les saisir à propos. Les personnes
douées d'un tact parfait ne se trompent pas sur un seul
ver à soie. Il est extrêmement difficile de saisir à propos les vers à soie noirs, parce que l'on ne peut apercevoir la transparence qui annonce leur maturité.

OBSERVATION DU TRADUCTEUR.

On lit dans un autre auteur chinois :

Quand les vers à soie, qui ont subi toutes leurs mues, commencent à prendre une teinte bleue, c'est signe qu'ils sont mûrs pour filer leur coque.

FORMATION DES COCÔNS. COCONNIÈRES APPELÉES CHAN-PO,
USITÉES DANS LES DISTRICTS DE KIA ET DE HOU.

OBSERVATION DU TRADUCTEUR.

L'expression chinoise *Chan-po* signifie : claie couverte de monticules. Ce dernier mot désigne les cônes à claire-voie où les vers à soie doivent monter.

Voyez la planche n° 7.

Les coconnières les plus parfaites sont celles qu'on appelle *Chan-po*, et dont on fait usage dans les districts de Kia et de Hou.

Dans les autres pays on ne fait pas sécher la soie avec du feu (au moment où elle sort de la filière de l'insecte.) On laisse les vers à soie filer entre des tiges de riz, ou au milieu d'une boîte. Le feu ne pénètre point le fil du ver à soie, et l'air ne le rafraîchit pas. C'est pourquoi les taffetas qui se fabriquent dans les districts de *Tchang-tan* et de *Iu-cho* se pourrissent aisément par le lavage. Quant aux vêtements tissus avec la soie que produisent les districts de *Kia* et de *Hou*, ils peuvent supporter cent lavages sans que la substance de la soie perde rien de sa force et de sa qualité. Voici comment l'on construit les coconnières.

On tresse des claies avec des lames de bambou fendu, et on les place sur un châssis suspendu de chaque côté à des piliers de bois, à une hauteur de six pieds. Au bas de ce châssis, on dispose des réchauds remplis de charbon de bois à la distance de quatre à cinq pieds. Lorsqu'on commence à mettre les vers à soie sur la coconnière, on n'a besoin que de peu de feu pour les inviter au travail. Comme les vers à soie aiment la chaleur, ils se mettent immédiatement à l'œuvre, et on ne les voit plus grimper ou se promener. Quand le cocon est commencé et forme déjà un léger réseau, on ajoute à chaque réchaud une demi-livre de braise allumée. A mesure que les vers jettent leur soie, elle se sèche et se durcit immédiatement; de là vient qu'elle dure très-longtemps sans s'affaiblir ni se déchirer. Il ne convient pas de couvrir la coconnière avec un toit en planches; il faut qu'un vent frais circule dans la partie supérieure, tandis que le bas est chauffé par le feu des réchauds. Toutes les fois qu'on chauffe la partie supérieure de la coconnière, les papillons ne peuvent donner de bonne graine. Lorsqu'on veut obtenir de la graine, il faut chauffer la coconnière par le bas, ainsi que l'indique la planche.

Les monticules (cônes) à claire-voie que l'on place sur la claie se font avec des pailles de riz ou de blé, coupées de la même longueur, et que l'on tord à la main; ensuite on les fixe sur la claie. Il faut avoir beaucoup de force dans les mains pour tordre la paille de ces cônes à claire-voie. Comme la claie de cette coconnière se compose de lames de bambou entrelacées et assez écartées entre elles, on y sèmera un lit de pailles courtes pour empêcher que les vers à soie ne tombent par terre ou dans le feu.

RÉCOLTE DES COCONS.

Au bout de trois jours, le travail des cocons est terminé; alors on descend les claies (ou coconnières) et l'on ramasse les cocons. La soie qui flotte autour du cocon s'appelle *sse-kouang* (c'est la bourre). Les vieilles femmes du district de *Hou* la vendent à vil prix, savoir, à cent *sapecks* (soixante-quinze centimes) la livre. On l'enlève à l'aide d'une monnaie de cuivre que l'on tient avec les trois premiers doigts de la main.

On file cette bourre et l'on en fabrique l'étoffe commune appelée *hou-tcheou.*

Lorsqu'on a dépouillé les cocons de leur bourre, il est nécessaire de les étaler sur de grandes claies placées sur des étagères; ils y restent jusqu'à ce qu'on les dévide (si l'on peut le faire peu de temps après la récolte). Si l'on serrait les cocons dans ces petites caisses (ou malles) dont on se sert dans la cuisine, ils se pourriraient par l'humidité qui se dégage des chrysalides, et la soie se briserait à chaque instant lorsqu'on voudrait la dévider.

MOYEN DE DONNER DE LA FORCE A LA SOIE.

On lit ce qui suit dans l'article qui traite du métier à broder.

Toutes les fois qu'on veut broder des fleurs ou des ornements dans le tissu, il est absolument nécessaire de faire la chaîne avec de la soie des arrondissements de *Kia* et de *Hou* (voyez plus haut la coconnière appelée *Chan-po*). Cette soie a été séchée deux fois, c'est-à-dire au sortir de la filière de l'insecte, et au sortir de la bassine. Il n'est pas à craindre que les fils de cette chaîne se brisent pendant le travail du tissage.

EXTRAIT DU MÊME OUVRAGE (FOL. 31 VERSO, L. 4.)

Voici le moyen d'obtenir d'excellente soie, il est renfermé dans six mots.

1° *Tchhou-kheou-kan*, c'est-à-dire, il faut sécher la soie à mesure qu'elle sort de la bouche de l'insecte. Pour cela on place des réchauds de braise au bas de la coconnière. (Voyez la planche 7.)

2° *Tchhou-chouï-kan*, c'est-à-dire il faut sécher la soie à mesure qu'elle sort de l'eau. Lorsqu'on dévide la soie on place, à cinq ou six pouces du dévidoir, deux petits réchauds contenant chacun quatre ou cinq onces de braise allumée. Le mouvement rapide du tour produit l'effet du vent. Il donne de l'activité au feu, et fait sécher rapidement les fils qu'on dévide. Si le temps est pur et brillant, et qu'un grand air circule dans l'atelier, il n'est pas nécessaire de faire usage du feu.

MÉMOIRE

SUR LES

VERS A SOIE SAUVAGES.

MÉMOIRE

SUR LES

VERS A SOIE SAUVAGES

PAR LE P. D'INCARVILLE[1].

Ce que dit Pline le naturaliste sur les chenilles de cyprès, de térébinthe, de frêne et de chêne, dont les habitants de l'île de Co tiraient leur soie, nous a donné la pensée de faire des recherches. Or, nous avons trouvé que, la troisième année du règne de *Ouen-ti* (cent cinquante ans avant J.-C.), des vers à soie sauvages se multiplièrent dans les bois et donnèrent une grande quantité de soie; puis la seconde année de *Youen-ti,* de la même dynastie (quarante-quatre ans avant J. C.), avec la remarque que les cocons de ces vers étaient *gros comme des œufs (ta-jou-tan)*. Nous avons trouvé le même fait raconté dans les Annales, sous les années 26, 231, 441, 449, 627, 638, etc. après J.-C., toujours avec la remarque que ces cocons étaient gros comme des œufs, excepté en

[1] Extrait du tome II (pages 579-601) des Mémoires concernant l'histoire, les sciences, les arts, etc., des Chinois, par les Missionnaires de Péking. On a supprimé plusieurs pages d'observations qui sont étrangères au sujet.

627, où l'on dit qu'ils étaient gros comme des abricots ; à quoi l'annaliste ajoute qu'on en recueillit six mille cinq cent soixante-dix mesures. Les récits des anciens sur cette espèce de vers, leur multiplication extraordinaire dans les années dont il a été parlé, nous mettent en droit de conclure que, s'ils donnaient quelque soie les autres années, ils en donnaient bien peu. Qu'on suppose qu'il en était de même des vers à soie de l'île de Co, et il sera fort aisé d'expliquer pourquoi elle était si rare et si précieuse.

Pour revenir aux chenilles de cyprès, de térébinthe, de frêne et de chêne, dont les habitants de l'île de Co tiraient leur soie, nous avons tous ces arbres dans notre France. Les chenilles d'un arbre, dans un pays, sont les mêmes dans un autre. Serait-il mal imaginé d'en tirer parti ? n'y aurait-il pas quelque moyen de le faire ? Tout ce que notre reconnaissance peut oser pour un bienfaiteur dont le nom sera à jamais dans notre cœur et sur nos lèvres, c'est de raconter ce qui se pratique en Chine, et de nous reposer sur sa sagesse du soin d'en faire usage en la manière et dans le temps qu'il croira convenable. Nous lui demandons même en grâce que cette notice et toutes les autres, que nous prenons la liberté de lui offrir, ne soient communiquées au public que comme des matériaux pour les choses qu'on y traite. Si même le feu père d'Incarville n'avait pas fait des recherches et des expériences sur les vers à soie dont nous allons parler, nous n'aurions

jamais osé nous risquer à en rien dire sur le seul témoignage des livres. Mais ce respectable et savant
missionnaire, dont tant d'excellents mémoires ont été
perdus ou enterrés, ayant entrepris de répondre sur
ce sujet aux questions que le ministre et plusieurs
savants lui avaient adressées, il s'était mis à faire des
observations, et son journal digne, à tous égards, de
sa sagacité et de son exactitude, nous est tombé par
bonheur entre les mains. Nous ne sommes pas dans
un temps où nous puissions nous acquitter de ce que
nous devons à sa mémoire, mais nous n'avons pas la
lâcheté et la mauvaise foi de ne pas lui faire honneur
de ce que nous devons à son travail.

Ce que Pline raconte des vers à soie de l'île de Co,
dans la dix-septième section du onzième livre, est
très-difficile à entendre et à expliquer, à ce qu'il nous
paraît. Le texte a-t-il été altéré? la signification de
quelque mot s'est-elle perdue? Ce savant, qui a fait
tant de recherches et nous a conservé tant de connaissances, a-t-il eu des mémoires défectueux sur cet article?
Nous laissons la question à décider à ceux qui ont droit
de prononcer : pour nous, il nous paraît bien remarquable et bien digne d'attention que de trois espèces
de vers à soie sauvages qu'on élève en Chine, il y en a
deux qu'on élève sur le frêne et sur le chêne, comme
on faisait à l'île de Co. Nous n'oserions dire qu'on
n'en élève pas de même sur les cyprès et sur les téré-
binthes, parce que, comme nous ne sommes pas à

portée de savoir sûrement ce qui se pratique dans les provinces, nous ne croyons pas que le silence des livres suffise pour le conclure. Soit même que messieurs les lettrés soient prévenus contre les vers à soie sauvages, ils n'en parlent guère qu'en passant ; soit aussi que le gouvernement ne veuille ni accréditer ni étendre la manière d'en élever, l'on a affecté de n'en dire mot dans le grand recueil d'agriculture qui a été publié par ordre de l'empereur régnant. Il vient tout de suite en pensée que ces vers à soie modernes, ayant la tache ineffaçable d'avoir été négligés et méprisés par l'antiquité, un bon lettré s'avilirait à en parler dans un certain détail : mais le ministère d'aujourd'hui n'est point offusqué par de tels préjugés, qui ne vont qu'aux ilotes de l'école de Confucius. Car peut-être que, ces vers sauvages étant plus casuels et plus difficiles à élever que les vers à soie de mûrier, l'appât du gain a suffi pour leur faire préférer ces derniers, dont la soie est d'un bien plus haut prix.

Nous avons vu plus haut qu'il y a longtemps qu'on a connu en Chine les vers à soie sauvages ; mais quand a-t-on commencé à les élever annuellement pour se procurer leur soie ? nous ne le trouvons articulé nulle part : nous ne trouvons pas même qu'avant la dernière dynastie elle soit entrée dans les tributs des provinces, ni avant celle d'aujourd'hui dans les manufactures impériales. Il peut se faire que l'art singulier d'élever cette espèce de vers ait été pratiqué secrètement dans

quelques districts, sans attirer l'attention du gouvernement. Il paraît par le recueil impérial *Hoang-ming-
chi-ta*, publié sous *King-ti*, de la dernière dynastie, environ l'an 1456, il paraît, dis-je, que le gouvernement
ne tourna ses regards vers la soie des vers sauvages que
lorsque, faisant des efforts continuels pour assurer l'a-
bondance des grains et des matières premières des
habits, il fixa ce que chaque endroit donnerait en soie
de vers de mûrier, ou en chanvre, ou en coton : car,
voyant alors que la province de Canton avait de la soie
de vers sauvages, il la taxa à en fournir chaque année
une certaine quantité. Comme la multiplication des
vers à soie sauvages a été regardée et annoncée aux
empereurs, désolés de la misère du peuple, comme
un secours extraordinaire envoyé par le ciel, il se peut
que l'envie de le perpétuer par l'industrie ait fait faire
des recherches; mais les livres que nous avons lus ne
nomment pas celui qui le premier y a réussi.

On compte trois espèces de vers à soie sauvages, savoir : ceux de *fagara* ou poivrier de Chine, ceux de frêne
et ceux de chêne. Avant d'entrer dans aucun détail,
il est essentiel de bien faire connaître ces trois arbres.

Nous avons appelé le poivrier de Chine *fagara* d'après
le P. d'Incarville. Il paraît en effet lui ressembler; mais
nous doutons que ce soit la même espèce. Comme cet
arbre est d'une culture aisée et très-commun dans la
province de Canton, où abordent nos vaisseaux, il
serait aisé d'en porter quelques pieds en France : car,

outre que les graines et leurs coques surtout peuvent
tenir lieu de poivre, ce qui serait un objet pour le
royaume, les vers à soie de cet arbre sont ceux qui
donnent la plus belle soie et en plus grande quantité.
Sur la manière dont M. Duhamel, cet illustre zélateur
du bien public, a parlé du *fagara*, il nous paraît fort
douteux que celui de Chine pût réussir dans les provinces septentrionales du royaume ; mais nous sommes
persuadés qu'il réussirait très-bien dans la Provence,
le Languedoc et le Roussillon. Une âme vulgaire ne
voit rien de bien important pour le royaume dans l'ac-
quisition d'un nouvel arbre ; mais un homme d'état,
un citoyen, voit dans un arbre utile un héritage éter-
nel pour toute la nation.

On distingue en Chine deux espèces de frêne, savoir, le *tcheou-tchun* et le *hiang-tchun*. Le *tcheou-tchun*
est le même que le nôtre, et c'est celui sur lequel on
nourrit des vers à soie sauvages. Le *hiang-tchun* est fort
différent du premier par sa fleur, sa graine et surtout
par son odeur, comme on verra dans la notice que
nous en envoyons. Nos modernes se sont peut-être trop
pressés de se moquer de ce que Pline le naturaliste a
dit du frêne ; nous ne serions point surpris que le
hiang-tchun le justifiât pleinement. Le compas de l'Europe n'est pas encore assez grand pour mesurer l'uni-
vers. Que de mondes dans le monde des plantes et des
arbres ! Celui de Chine, qui est immense, ne sera
peut-être pas connu en Occident de bien des siècles.

Le chêne dont on nourrit une espèce de vers sauvages est, si nous ne nous trompons, celui que nos botanistes nomment *quercus orientalis castaneæ folio, glande reconditâ in capsulâ crassâ et squamerosâ*. Il est dans le Jardin royal, autant que nous pouvons nous en souvenir; mais nous l'avons vu sûrement, auprès de Toulouse, dans un jardin qu'il nous serait trop douloureux de nommer.

Les vers à soie sauvages de fagara et de frêne sont les mêmes et s'élèvent de la même façon. Ceux de chêne sont différents et demandent à être gouvernés un peu différemment.

La grande et essentielle différence entre les vers à soie de mûrier et les vers à soie sauvages, c'est que l'auteur de la nature s'est plu à donner à ces derniers un génie de liberté et d'indépendance absolument indomptable; le flegme, le sang-froid et l'industrie chinoise y ont échoué. Il serait inutile de vouloir risquer de nouvelles tentatives. Nos livres de piété ont pris le ver à soie pour symbole de la résurrection, soit de l'âme à la grâce, soit du corps à la vie éternelle. Les vers à soie sauvages semblent devoir être préférés. Leurs cocons finis, ils y restent enfermés depuis la fin de l'été ou le commencement de l'automne jusqu'au printemps de l'année suivante. Ce long séjour explique pourquoi ils les font si forts et si compactes. On a même vu des cocons, oubliés une année, donner leurs papillons la suivante; et il est notoire, dans la province de *Chan-tong* et dans plusieurs autres, qu'on peut retarder la métamorphose de la chrysalide bien avant dans l'été.

Les Chinois ont une manière de distinguer les cocons qui doivent donner des papillons mâles et des papillons femelles : parmi ceux-là même ils distinguent ceux qui doivent donner de plus forts et de plus beaux papillons. Comme les cocons qu'on garde sont l'espérance de l'année suivante, ce choix est important. Si les règles, pour faire ce choix, sont les mêmes que celles qu'on suit pour les vers à soie de mûrier, ce qui est assez vraisemblable, nous n'avons rien à ajouter à ce qui a été dit dans le *Mémoire sur les mûriers et les vers à soie,* qu'on doit avoir reçu. Pour garder ces cocons plus commodément, on les enfile légèrement par leur extrémité dans un fil de soie, et on en forme plusieurs chapelets. L'unique précaution qu'il faille prendre, pour les conserver, consiste à les suspendre dans un endroit où ils soient à l'abri du vent du nord, de la pluie, du soleil, et cependant au grand air. Les Chinois ne disconviennent pas qu'on pourrait les mettre dans la chambre ; mais, à les en croire, il est toujours mieux de suivre la nature d'aussi près qu'on peut ; et les vers sauvages, comme tout le monde sait, suspendent leurs cocons aux arbres dont ils se nourrissent, sans chercher même les endroits les plus couverts.

Faire éclore les vers sauvages est bien plus difficile que de faire éclore les vers de mûrier. J'ai dit faire

éclore, il faudrait dire procurer leur métamorphose,
car ils éclosent d'eux-mêmes sans presque aucun soin.
Le Père d'Incarville y échoua la première fois. La
moitié de l'été s'était passée, quoiqu'il eût fait de son
mieux, sans lui donner aucun papillon. « Je crus avoir
« été trompé, » dit-il dans son journal, « et qu'il (son
« commissionnaire) m'avait donné des cocons dans les-
« quels on avait fait périr les chrysalides. » Sur quoi,
rebuté de ce mauvais succès, il les enferma dans un
tiroir où il les oublia, et les trouva éclos dans le mois
d'octobre, lorsqu'il ouvrit la fatale prison où il les
avait mis et où ils étaient morts misérablement. Pour
faire éclore ces papillons, il faut suspendre les cocons
enfilés dans une chambre chaude, et les arroser et
humecter plusieurs fois le jour, dans le temps le plus
chaud. Il y en a qui préfèrent de les exposer à la
vapeur d'un grand vase d'eau chaude, qui est plus
douce et imite mieux l'humidité de l'air qui les fait
éclore dans les temps de pluie. Nous ne trouvons point
combien de jours il faut attendre la résurrection ou
métamorphose de la chrysalide, et nous en concluons
qu'il n'y a point de temps fixe, qu'elle avance ou re-
tarde sans qu'on puisse trop en trouver la raison ; mais
il n'est pas ordinaire qu'on attende plus de huit à dix
jours, quand on a choisi un temps propre, c'est-à-dire
un temps chaud et humide. Si l'on attend parfois un
peu plus, on a l'agrément de voir tous ses cocons donner leurs papillons à peu près en même temps.

« Le papillon de ces vers sauvages, » dit le P. d'Incarville, « est à ailes vitrées, de la cinquième classe des « phalènes, selon le système de M. de Réaumur. Il « porte ses ailes parallèles au plan de sa position, et « laisse son corps entièrement à découvert : il ne les « a guère plus étendues quand il vole que lorsqu'il est « posé. » Ce papillon a à peine ses ailes séchées, qu'il cherche à en faire usage et à s'enfuir. Comme on est sûr d'attirer les mâles au moyen des femelles, on laisse à ceux-ci la liberté de s'envoler dehors; mais, pour les femelles, on les saisit dès qu'elles sont sorties de leurs cocons, et on les attache avec un fil de soie assez longuet par une de leurs ailes, et l'on arrête l'autre bout sur un gros paquet, suspendu à l'air, de moelle séchée de grand millet, que les botanistes nomment *milium arundinaceum*. Les Chinois, soit dit en passant, en tirent excellemment parti. Les mâles viennent féconder les femelles dès la première nuit et les suivantes, quoiqu'ils disparaissent quelquefois entièrement pendant le jour. Les femelles, qui se trouvent liées au faisceau de moelle de millet, y déposent leurs œufs dès la seconde nuit, et continuent ainsi environ huit ou dix jours; mais, vers la fin, elles pondent beaucoup moins. La ponte entière ne va guère qu'à quatre ou cinq cents œufs. La chaleur de la saison suffit pour faire éclore le peuple de vers sauvages qu'on s'est préparé; c'est ordinairement au bout de dix à onze jours.

La première idée de vers sauvages, qu'on élève sur

des arbres en plein air et même en pleine campagne,
fait d'abord croire qu'ils ne demandent presque aucun
soin, et sont bien plus aisés à gouverner que les vers
à soie de mûrier; mais il n'en est pas ainsi, à beaucoup près. Quand les petits vers sont sortis de l'œuf,
il y a des personnes qui vont suspendre les faisceaux
de moelle de millet sur une branche de fagara, de manière qu'ils puissent passer de leur berceau sur les
feuilles de cet arbre; les autres coupent une branche,
la mettent dans un vase plein d'eau, et y attachent
leur moelle de millet avec tous ses nouveaux habitants, dont le nombre augmente de moment en moment jusqu'à ce qu'ils égalent à peu près le nombre des
œufs. La raison de ces différents procédés est la délicatesse extrême de ces vers, leur faiblesse et leurs
ennemis. Pour peu que l'arbre où l'on veut qu'ils
aillent se loger soit accessible aux fourmis et aux autres
insectes carnassiers de la saison, un gibier si tendre les
attire et en peu de temps ils en font une déconfiture
épouvantable; ce qui, pour le remarquer en passant,
explique assez bien pourquoi il est si rare que les vers
à soie sauvages se multiplient et se conservent en assez
grande quantité pour donner beaucoup de cocons. Le
meilleur moyen de les en garantir, dans leur première
enfance, c'est d'environner, après une grande pluie,
d'un petit fossé plein d'eau le fagara ou le frêne qu'on
a choisi pour leur hospice. Mais une branche mise
dans un vase d'eau est bien plus sûre. Les plus intré-

pides fourmis ne sont pas d'humeur à se mettre à la
nage pour aller à la chasse de leurs faisans : car, à juger
de la friandise de ces amazones par leur avidité et leur
empressement, ces vers nouveaux-nés doivent être le
plus friand morceau de leur table. Les insectes vo-
lants de la saison sont encore plus altérés de leur sang
que les fourmis; il est bien plus difficile de les défendre de leur continuelles attaques.

La nature a appris à ces petits vers à gagner vite les
feuilles de l'arbre qui doit les nourrir, et à s'y réunir
dans le même canton sur différentes feuilles, comme
pour y faire corps et effrayer leurs ennemis par leur
nombre. Ils ont même l'attention de se loger sous l'en-
vers des feuilles, où ils se tiennent accrochés à merveille et où il est plus difficile de venir les attaquer. A
peine se sont-ils séchés et accoutumés à l'impression
de l'air, qu'ils se mettent à manger de bon appétit et
attaquent les feuilles du fagara ou du frêne par les
bords, les entament et les broutent sans presque se
reposer. « Le premier jour précisément que j'avais
« porté mes vers nouveaux-nés sur l'arbre, » dit le
P. d'Incarville, « il survint tout à coup une grande
« pluie qui me donna beaucoup d'inquiétude pour leur
« vie. Je crus que c'en était fait d'eux, et qu'aucun
« n'aurait résisté aux torrents d'eau qui étaient tombés.
« Dès que l'orage fut passé, j'allai voir si j'en trouverais
« encore quelqu'un. Je les trouvai qui mangeaient de
« grand appétit et avaient déjà sensiblement grossi. »

Bien loin que la pluie leur soit contraire, elle les ac-
commode par la fraîcheur qu'elle répand dans l'air, et
par la chasse qu'elle donne à tous leurs ennemis. Bien
plus, ils souffrent de la sécheresse, parce que, les
feuilles qu'ils broutent étant moins abondantes en suc,
ils deviennent constipés. Leur délicatesse et propreté,
s'ils en ont, ne tiennent pas contre l'intérêt de leur
santé. Si leurs petites crottes ne sortent avec qu'avec
peine, ils se recourbent sans façon sur leur derrière,
les tirent à belles dents et les font tomber; ce qui est
fait dans un clin d'œil : puis ils se remettent à manger.
La nourriture leur profite tellement, qu'ils croissent
et grossissent presque de moitié d'un jour à l'autre
dans les commencements.

Les vers à soie sauvages muent quatre fois, et chaque
mue n'est éloignée que de quatre jours environ de la
précédente. Le troisième jour ils mangent peu; mais
le quatrième jour, à peine se sont-ils débarrassés de
leur dépouille, qu'ils se dédommagent avec usure de
la diète du jour précédent. C'est surtout alors qu'ils
croissent quasi à vue d'œil. Ces petits vers perdent entièrement l'amour de la vie sociale après leur première
mue; le goût de la solitude les gagne, et ils se sépa-
rent pour aller vivre à leur guise qui d'un côté, qui de
l'autre. Cette nouvelle inclination est toute au profit
des uns et des autres; car, s'ils restaient rassemblés
en communauté sur une seule branche, comme ils en
auraient bientôt consumé toutes les feuilles, outre que

l'arbre en pâtirait, ils auraient un voyage à faire pour
aller gagner une autre branche, et la diète, qui serait
inévitable, retarderait leur mue, ou même abrégerait
leur vie, qui doit être si courte. Leur dispersion est
encore plus nécessaire à leur conservation; car, si
leurs ennemis les trouvaient ainsi réunis, ils en feraient une déconfiture horrible, et peut-être qu'aucun
n'en pourrait échapper. Frelons, guêpes, fourmis,
corbeaux et tous les petits oiseaux, sans exception,
sont avides de leur sang. Les admirateurs de la pro-
vidence ont bien ici de quoi se récrier, en considérant
comment ces chenilles, sans défense et exposées à tant
de dangers, ont pu se conserver et se perpétuer, depuis le commencement du monde, au milieu de tant
d'ennemis; miracle d'autant plus frappant qu'avant que
leur soie leur obtînt les soins de l'homme, la plupart
devaient périr au sortir de l'œuf dans les années défa-
vorables à leur propagation. Voici ce qu'on a imaginé
pour les défendre contre les oiseaux : on arrondit la
tête des fagara ou des frênes sur lesquels on les met,
et on la couvre d'un filet à mailles assez serrées, pour
empêcher les oiseaux d'arriver jusqu'à elles. C'est une
dépense, mais elle est nécessaire, et on en est bien
dédommagé par la soie qu'on recueille. Pour les frelons, qui fondent sur elles, surtout lorsqu'elles sont
petites, les coupent en deux et les sucent, quoique le
filet leur fasse peur d'abord, l'appât de leur proie leur
donne le courage d'en traverser les mailles; et un qui

a passé attire tous les autres. Il faut user d'artifice et les appâter au voisinage par des bâtons enduits de miel, où l'on va les brûler avec un brandon de paille, quand ils y sont en grand nombre. Le P. d'Incarville raconte, comme témoin oculaire, qu'à peine un crapaud a-t-il fixé sa vue sur une de ces chenilles, qu'elle défaille et se laisse tomber; le crapaud l'aspire en retirant son haleine, la reçoit dans sa gueule et l'avale. Puis il ajoute que, s'il n'y avait pas veillé de près, toute sa république de vers à soie aurait été en danger de périr sous peu de jours. Comme les livres chinois ont négligé cet article, nous n'en dirons rien davantage.

Nous avons oublié de le dire en son lieu : un peu avant ou après la première mue, soit qu'on ait laissé ces vers nouveaux-nés sur une branche de fagara mise dans un vase d'eau, soit qu'on les ait portés d'abord sur l'arbre même, il faut avoir soin d'en proportionner le nombre à l'arbre qu'on lui destine, ou sur lequel on les laisse. Cette attention est essentielle, parce que, si ces vers étaient en trop grand nombre, ils le dépouilleraient de toutes ses feuilles, qui peut-être même ne leur suffiraient pas : étant plus à découvert, ils y seraient plus exposés à leurs ennemis, moins à l'abri de la pluie et du soleil; et puis, quand viendrait le temps de filer leurs cocons, ils seraient en grande détresse et embarras. Le vrai temps pour faire cette distribution est le jour qui précède leur première mue, ou celui où ils en sortent. Comme ils se dispersent dès

qu'elle est finie, elle serait impossible pour ceux qui
sont déjà logés sur leur arbre, si l'on manquait le moment; et ce serait violenter les autres que de les retenir sur de petites branches où ils auraient trop à
l'étroit leurs logements et leurs vivres.

Les quatre mues, qui sont de quatre jours en quatre
jours, étant finies et passées, le ver à soie sauvage a
presque toute sa crue, et est plus gros du double au
moins que les vers à soie de mûrier. « C'est une che-
« nille de la première classe selon le système de M. de
« Réaumur, » dit le Père d'Incarville : « elle est d'un
« vert mêlé de blanc, imparfaitement rase, à six tuber-
« cules, six sur chaque anneau. Les poils de ses tuber-
« cules sont chargés d'une espèce de poudre blanche. »
Après le dix-huitième jour ou le dix-neuvième, les
vers à soie sauvages perdent tout appétit, et passent
successivement d'une morne apathie, ou demi-engour-
dissement, à des inquiétudes et une agitation très-vives.
Ils courent çà et là comme s'ils craignaient de se mé-
prendre dans le choix qu'ils vont faire d'une feuille et
d'un endroit pour filer leur cocon et préparer leur résurrection de l'année suivante. C'est ordinairement
entre le dix-neuvième et le vingt-deuxième jour depuis leur naissance qu'ils commencent ce grand ouvrage. Soit pour avoir de quoi arrêter les premiers fils
du tombeau qu'il va se bâtir, soit pour en augmenter
l'épaisseur et la solidité, il recoquille une feuille en
gondole, et s'enferme dedans sous la trame de la soie

qu'il file et dont il finit par former un cocon de la grosseur d'un œuf de poule et presque aussi dur. Ce cocon a une des extrémités ouverte en forme d'entonnoir renversé; c'est un passage préparé pour le papillon qui doit en sortir. Avec le secours de la liqueur dont il est mouillé et qu'il dirige vers cet endroit, les fils humectés cèdent à ses efforts; il perce sa prison lorsque le temps en est venu.

En rassemblant tout ce que nous venons de dire, il est évident que les vers à soie sauvages sont plus aisés à élever, à bien des égards, que les vers à soie de mûrier, et mériteraient peut-être d'attirer l'attention du ministère public, à qui seul il convient de décider s'il serait utile au royaume de procurer une nouvelle espèce de soie à celles de nos provinces où des essais faits avec soin auraient fait connaître qu'on peut réussir à les élever. Tout ce qu'il nous convient d'ajouter à ce que nous en avons dit, c'est que ces vers sont une source de richesses pour la Chine même, quoiqu'on recueille chaque année une si prodigieuse quantité de soie de vers de mûrier, qu'au dire d'un écrivain moderne on pourrait en faire des montagnes. Il est vrai que la soie des vers sauvages n'est pas comparable à l'autre, et ne prend jamais solidement aucune teinture; mais 1° elle coûte moins de soins, ou plutôt n'en coûte presque aucun dans les endroits où le climat est favorable aux vers sauvages, parce que tout ce qu'on risque en les négligeant, c'est d'avoir une récolte moins abondante : encore est-on maître de l'avoir plus grande, en multipliant le nombre des arbres qu'on destine à ses vers. 2° Comme on ne dévide pas les cocons des vers sauvages, mais qu'on les file, comme nous faisons le fleuret, ils dépensent moins de temps et de main-d'œuvre. 3° La soie qu'ils donnent est d'un beau gris de lin, dure le double de l'autre au moins, et ne se tache pas si aisément; les gouttes même d'huile ou de graisse ne s'y étendent pas et s'effacent très-aisément. Les étoffes qu'on en fait se lavent comme le linge. 4° La soie des vers sauvages, nourris sur des fagara, est si belle dans certains endroits, que les étoffes qu'on en fait disputent le prix avec les plus belles soieries, quoi-qu'elles soient unies et de simples droguets. Quand nous avons dit que cette soie ne se dévide point et ne prend point la teinture, c'est un fait que nous racontons. L'industrie européenne, aidée et éclairée par les élans du génie français, viendrait peut-être à bout de dévider les cocons de vers sauvages et d'en teindre la soie.

Le P. d'Incarville ayant négligé de mettre ses cocons dans un endroit frais, plusieurs papillons sortirent les uns douze, les autres quinze jours après celui où ses chenilles s'y étaient enfermées, c'est-à-dire onze mois plus tôt qu'ils n'auraient dû. Cependant il y a des endroits où, soit qu'on aille contre l'institution de la nature, soit qu'on ne fasse que la suivre, l'usage commun est de se ménager deux couvées de vers sauvages, une au printemps, l'autre à la fin de l'été.

Venons maintenant aux vers sauvages de chêne à feuilles de châtaignier. On les fait éclore comme ceux du fagara et du frêne ; mais leur première enfance est plus délicate. Le vent leur est très-nuisible : aussi prend-on le parti de les élever sur des branches de chêne qu'on met dans des vases pleins d'eau, comme il a été dit plus haut, et qu'on laisse dans une chambre inhabitée, bien fermée et tournée au midi ; mais on a l'attention d'en ouvrir les fenêtres si le temps est beau. Ceux qui croient qu'il est dangereux de ne les pas accoutumer d'abord au grand air, prennent le parti de planter leurs branches de chêne sur le bord d'une rivière ou d'un ruisseau, à la distance d'un pied et demi à deux pieds ; mais, pour ne pas les exposer aussi à l'impression funeste du vent, ils élèvent un petit mur de fortes nattes du côté d'où il vient.

Nous n'avons rien de particulier à ajouter sur la vie que mènent et les soins que demandent les vers de chêne, quand on les a portés, après leur première mue, sur l'arbre où ils doivent finir leur courte carrière. Ils y sont exposés aux mêmes périls que ceux de fagara et de frêne : on les en défend de la même façon. La sécheresse leur paraît extrêmement contraire. Le P. d'Incarville, voyant les siens pressés de la soif, leur présenta de l'eau au bout d'une paille, et il les vit en sucer un grand nombre de gouttes sans paraître désaltérés. Aussi les Chinois ont-ils l'atten-

tion de choisir le temps des pluies pour les faire
éclore, et le voisinage des eaux pour les élever. Une
remarque bien plus importante du P. d'Incarville, c'est
qu'on peut les nourrir, comme il l'a fait par nécessité,
les feuilles de chêne à feuilles de châtaignier lui man-
quant, avec les feuilles du chêne ordinaire. Nous insistons sur ce point, et parce que le chêne d'Orient est
assez rare en France, et parce qu'il sera peut-être possible de trouver sur nos chênes ordinaires la vraie
chenille sauvage de Chine qui donne la soie de la seconde espèce. Le P. d'Incarville dit « qu'elle est de la
« première classe, selon le système de M. de Réaumur,
« comme celle du fagara et du frêne, c'est-à-dire qu'elle
« a seize jambes, six écailleuses ou antérieures, huit
« mamelons ou jambes intermédiaires, et deux posté-
« rieures. Ses mamelons sont garnis de demi-couronnes
« de crochets. Ce qu'elle a de particulier, ce sont des
« espèces d'écailles brillantes comme l'argent le plus
« fin. Quelques-unes en ont au-dessus de chaque stig-
« mate : d'autres en ont moins ou même point du tout ;
« mais ces dernières ont sur le haut des tubercules du
« troisième rang, à l'endroit où sont implantés les
« poils, une couronne ou cercle d'un or très-vif. »

Les vers de chêne sont plus tardifs à faire leur cocon
que ceux de fagara et de frêne, et ils s'y prennent différemment. Au lieu de plier une feuille en gondole,
ils en rapprochent deux ou trois, s'enferment dedans
et y ourdissent leur cocon, qui, quoique plus gros,

est d'une soie fort inférieure; car, pour ne pas l'omettre, on met une grande différence, ici, entre la soie de vers de fagara, de frêne et de chêne. Celle des premiers est la plus estimée : on en fait le *siao-kien*, qui est très-beau et très-cher. Ce n'est pourtant qu'une espèce de droguet, mais très-fin et d'un usé admirable. On fait le *tsiao-kien* avec celui des chenilles de frêne, et le *ta-kien* avec celui des chenilles de chêne. Si nos marchands voulaient acheter à Canton ces trois espèces de droguet, il faudrait qu'ils s'adressassent à un homme affidé : car, comme on fait des droguets de filoselle, il est facile d'en imposer à un étranger.

Après la récolte des cocons, on prélève ceux qu'on veut réserver pour avoir des papillons ou à la fin de l'été, ou le printemps suivant; et, après les avoir enfilés en la manière qui a été dite, on les suspend en lieu convenable. Il y a un choix à faire dans les autres cocons : ce choix se fait en les pressant entre deux doigts. Ceux qui résistent sont les meilleurs et ont plus de soie; ceux qui cèdent sont médiocres et ont moins de soie. On coupe avec des ciseaux les deux extrémités des uns et des autres, et on les met séparément dans deux sacs de toile de chanvre où l'on les ferme avec une ficelle; puis on les plonge dans une grande chaudière de lessive bouillante qui a été découlée. Cette lessive, qui doit être forte, est faite de cendres de jujubier, ou de tiges de blé sarrazin, ou d'une espèce de persicaire dont on tire ici la couleur d'indigo. Quand les cocons ont bouilli une heure, on ouvre le sac des médiocres, et on reconnaît si la lessive a fait tout l'effet qu'on veut quand ils s'effilent assez aisément. Comme cette lessive n'a pour objet que de dissoudre la colle ou gomme qui joint les fils soyeux du cocon, l'industrie européenne trouvera peut-être quelque dissolvant plus actif et plus prompt. Quand les cocons du premier sac sont au point où l'on a besoin qu'ils soient, on les tire de la chaudière, puis on visite de temps en temps ceux du second sac, pour ne pas les manquer. Si les uns et les autres sont pris et tirés de la chaudière à propos, on presse les sacs pour en faire sortir la lessive, et on les laisse ensuite se ressuyer jusqu'au lendemain. Si on les avait tirés trop tard de dessus le feu, après leur avoir fait rendre l'eau dont ils sont pleins, en les pressant dans le sac, il faudrait les étendre sur des claies pour les faire sécher. Tandis qu'ils sont encore humides, on les vide de leur chrysalide et on les renverse de manière à en former une espèce de capuchon. Si on n'en avait pas alors le loisir, on en serait quitte pour la peine de les faire tremper quelque temps dans l'eau chaude quand on voudrait faire cette besogne.

Les cocons, vidés de leurs chrysalides et renversés sur eux-mêmes en capuchon, sont fort aisés à filer. Il ne faut que les faire revenir dans un peu d'eau tiède, les coiffer les uns des autres, comme on fait des dés à coudre, et puis les enfiler dans une petite quenouille au nombre de dix à douze. L'art de filer est trop connu en France, et nous en avons des idées trop confuses, pour insister sur les détails. Tout ce que nous pouvons nous permettre d'ajouter, c'est que les Chinoises y sont fort habiles, et qu'à voir leurs quenouilles, fuseaux et rouets, on ne croirait pas qu'elles pussent en tirer un fil si fin, si propre et uni. A parler en général, les Chinois en sont encore aux premiers âges pour tous leurs instruments. Leur industrie se perfectionne, et leurs outils et instruments restent les mêmes. Ajoutons encore ce mot sur la soie des vers sauvages : celle des vers de chêne peut se filer au rouet; et, quand on veut que la soie des vers de fagara et de frêne soit d'un plus beau grain, on ôte la soie grège de dessus les cocons avant de les faire bouillir : mais, si l'on se met, en France, à élever des vers sauvages, l'industrie française trouvera bientôt tout ce qui est le plus propre à faire tirer un excellent parti de leur travail.

On voit à quelle intention nous proposons de faire des essais, à l'imitation des Chinois, sur les vers à soie sauvages du fagara, du frêne et du chêne à feuilles de châtaignier. Ces essais, qui ne demandent que des soins, de l'attention et de la patience, peuvent occuper en différents endroits la sagacité et le zèle des citoyens opulents qui vont passer la belle saison à la campagne. Il est si délicieux de se rendre utile et de contribuer à l'abondance publique, que nous ne doutons point que plusieurs ne préfèrent ces essais à tant d'amusements également dispendieux et frivoles qui occupent le loisir des riches dans leurs terres. Pour peu qu'ils leur réussissent, le public, à qui ils en rendront compte, les comparera, les perfectionnera les uns par les autres, et se décidera sur l'usage que lui prescrira le bien commun. Qui sait s'il n'est pas réservé à quelqu'un de ces essais d'enrichir notre France de quelque nouvelle espèce de soie, ou peut-être même de simplifier la manière d'élever les vers à soie de mûrier? Car enfin, s'il est plus difficile de les nourrir sur des arbres que les vers sauvages, cela n'est pas impossible dans les climats surtout où le cours des saisons leur est plus favorable. Qui sait même si ce ne serait pas le vrai moyen de donner à nos soies un degré de bonté et de beauté que leur ôte la contrainte où l'on retient les vers qui la filent?

NOTICE SUR LE FRÊNE DE CHINE
NOMMÉ *HIANG-TCHUN*.

On distingue ici deux sortes de frênes, le *tcheou-tchun*, le frêne puant, et le *hiang-tchun*, le frêne odorant. Le premier nous avait toujours paru être le même que le nôtre, parce que nous nous étions contentés des apparences et que nous nous étions peu mis en peine de l'examiner de près. Ce que nous avons écrit sur les vers à soie sauvages nous a fait craindre de nous être trompé : nous avons examiné les fleurs de cet arbre ; elles nous paraissent différentes de celles que décrivent nos botanistes. Les pétales sont au nombre de cinq et moins allongés, les étamines sont plus multipliées et plus petites, le pistil enfin et la grappe à laquelle les fleurs sont attachées paraissent différents. Nous insistons sur ces bagatelles, parce que nous avons indiqué le frêne comme la nourriture ordinaire d'une espèce de vers sauvages, et que, si l'espèce dont nous avons voulu parler était trop différente de la nôtre, les vers pourraient bien ne pas vouloir de cette dernière.

Le frêne odorant, nommé en chinois *hiang-tchun*, est fort différent du nôtre à bien des égards. Autant les feuilles du *tcheou-tchun* ont une odeur désagréable, autant celles du *hiang-tchun* ont une odeur aromatique et agréable pour ceux qui aiment les odeurs fortes. Les botanistes, qui ont plaisanté sur ce que dit Pline de cet arbre, auraient dû faire attention que ce qui est vrai d'une espèce ne l'est pas toujours de l'autre, et que la même espèce, dans ses individus, peut être très-différente d'elle-même d'un pays à l'autre. Le climat, le sol, l'exposition, l'année et la saison ont averti, il y a longtemps, les naturalistes qu'un fait ne conclut rien contre l'autre. Au premier coup d'œil, le frêne odorant paraît tout à fait semblable au nôtre.

Il vient dans les mêmes endroits, il croît à la même hauteur, les branches et le tronc sont les mêmes, ses feuilles rangées de même par paires sur un côté. En y regardant de près, on trouve que les feuilles de l'odorant sont d'un vert plus gai, qu'elles sont plus effilées et ne sont pas terminées par une seule feuille. Les fleurs et les fruits sont absolument différents.

1° La grappe des fleurs est plus approchante de celle de la vigne, et les fleurs, qui sont de différentes grosseurs, ne fleurissent pas si à la fois et durent plus longtemps.

2° La fleur est composée d'un petit calice à cinq feuilles; de cinq pétales blancs; de quatre étamines qui sortent d'un petit mamelon rougeâtre, ou un petit sommet arrondi; d'un pistil, qui sort d'un embryon et se termine par une petite trompe.

3° L'embryon qui sert de base au pistil devient un fruit, couvert d'une écorce ligneuse et dure, qui s'ouvre en cinq follicules à sa maturité. Sous ces follicules sont rangés, sur les cinq faces de la moelle, qui est au milieu, deux ou trois graines. Ces graines, formées en aile de mouche et quasi aussi minces vers la pointe, renferment dans leur base une semence d'une figure qui varie, mais composée de deux lobes qui couvrent un germe.

Si toutes les fleurs venaient à bien, la grappe qui soutient le fruit ne serait pas assez forte; mais il est rare qu'il en reste un sixième. Malgré cela, quand les fruits commencent à grossir et à s'allonger, on les prendrait, de loin, pour une grappe de verjus.

La moelle, à cinq faces et arrondie à son extrémité, sur laquelle les graines sont collées, est une substance spongieuse comme la moelle de jonc; mais elle est plus compacte.

Les Chinois jettent dans l'eau bouillante les premiers bourgeons et les jeunes tiges de frêne odorant, puis ils les retirent et les font macérer dans le vinaigre pour les manger avec leur riz, comme nous les cornichons. Il faut en user très-sobrement, sous peine d'être couvert de furoncles pour peu qu'on ait de levain dans le sang.

La médecine fait usage des feuilles, des fleurs et de la seconde peau de la racine.

Puisqu'on a rangé le *fagara* dans la classe des frênes, et que, sur les descriptions qu'on en fait, il y a tout lieu de croire que c'est le *hou-tsiao* des Chinois qui nourrit les plus beaux vers à soie sauvages, nous en joindrons la peinture analysée à celle du frêne puant et du frêne odorant, sans y ajouter aucune description, parce qu'elle parle aux yeux.

Le traité des arbres et arbustes de l'illustre M. Duhamel est le seul livre où nous ayons trouvé quelques détails sur le *fagara*. Si celui dont il parle est le même que celui de Chine, nous osons lui prédire qu'il résistera aux hivers de France, puisqu'il résiste aux hivers de *Pe-tche-li,* qui sont bien plus longs et bien plus rigoureux. Les Chinois ont un principe de botanique et d'agriculture qui mérite d'être examiné. Selon eux, quand on veut conserver des arbres et plantes des pays étrangers, les soins les plus étudiés ne le sont pas trop pour les premiers plants; mais quand on a cueilli des graines, il est facile de les propager, surtout après la seconde génération. Si les graines de la seconde ou de la troisième génération ne réussissent pas, c'est que le climat n'est pas favorable à ces arbres et à ces plantes; elles ne pourront jamais les y naturaliser. Le *fagara* réussit à merveille sur les montagnes des environs de *Pé-king*. Peut-être que nos pluies d'hiver lui sont nuisibles, et qu'on lui rendrait service de préserver ses racines de leur humidité en le plantant sur la croupe d'une colline tournée au midi et en l'entourant d'une petite plate-forme, comme on fait pour les vignes de treille et les accacias en bien des endroits.

FIN.

EXPLICATION DES PLANCHES[1].

PLANCHE 1ʳᵉ. *Tsan-lien*, feuilles de papier sur lesquelles on fait pondre les papillons femelles, pag. 99 sq.

PLANCHE 2. *Tsan-wang*, filet pour changer les vers à soie. On s'en sert communément, dans le midi, à tous les âges des vers à soie. Dans le nord, on ne s'en sert que lorsqu'ils sont petits. Voyez pag. 143, ligne 12.

PLANCHE 3. *Sang-long*, paniers en filets pour transporter les feuilles. On s'en sert particulièrement dans le midi.

Ibid. FIGURE 4. *Sang-kia*, instrument pour couper les feuilles. Les deux pièces en forme de V doivent avoir deux ou trois pieds de hauteur. La main gauche fournit les feuilles et on les coupe en abaissant la lame avec la main droite. Cet instrument n'est en usage que dans le nord de la Chine, où se font les plus grandes éducations de vers à soie; ce procédé est très-expéditif.

On se sert aussi d'un autre instrument appelé *thsié-tao*. Il a deux manches comme les couteaux des tanneurs; il doit avoir environ deux pieds et demi de longueur. On en fait usage lorsqu'on a une grande quantité de vers à soie.

Dans le midi, quand les vers à soie sont petits, on coupe les feuilles avec un petit couteau de table dont la lame est mince et bien aiguisée. (Une lame émoussée ferait sortir le suc des feuilles.) A mesure que les vers à soie grandissent, on fait usage de couteaux plus forts et plus grands.

[1] L'ouvrage original est accompagné d'une quarantaine de planches. On a supprimé toutes les figures qui étaient déjà connues, et l'on a conservé seulement celles qui présentaient un caractère de nouveauté.

Planche 4.   *Tsan-po*, claies pour transporter les vers à soie ou chan-
              ger leur litière. On s'en sert ordinairement dans le
              nord, où l'on élève beaucoup plus de vers à soie que
              dans le midi. La facilité qu'on a de les rouler ou dé-
              rouler les rend très-propres à l'usage auquel on les
              destine.

Planche 5.   *Ma-theou-tso*, coconnière oblongue. Voir le texte, pag. 154.

   Ibid.   Figure 2. Claie intérieure de cette coconnière.

Planche 6.   *Touan-tso*, coconnière ronde. Voir le texte, pag. 148.

Planche 7.   *Chan-po*, coconnière employée dans les districts de *Kia*
              et de *Hou*. Voir le texte, Supplément, pag. 183.

Planche 8.   *Kien-ong*, jarres où l'on conserve les cocons sous des
              couches de feuilles et de sel. Voir le texte, pag. 165.

Planche 9.   *Kien-long*, appareil pour tuer les chrysalides au moyen
              de la vapeur d'eau chaude.

              Il y a des personnes qui mettent dans l'eau chaude
              deux onces de sel et une once d'huile de navette,
              pour que la soie ne se dessèche pas et pour qu'elle
              soit plus facile à dévider. Voir le texte pag. 162.

Planche 10.   Cette planche ne fait point partie de l'ouvrage chinois.
              Nous en devons la communication à l'obligeance de
              M. Huzard (de l'Académie des sciences), qui possède
              un grand nombre de dessins exécutés en Chine et re-
              latifs à l'éducation des vers à soie. Cette disposition
              nouvelle, où les claies sont chauffées par des réchauds,
              confirme les observations développées dans l'article
              Chan-po du Supplément (pag. 183). Cette méthode,
              qui paraît présenter de grands avantages, diffère tout
              à fait de celle des éleveurs d'Europe, qui abaissent la
              température de l'atelier à l'époque où les vers à soie
              travaillent à leur coque.

Tsan-lien.

網蠶

Tsan-wang

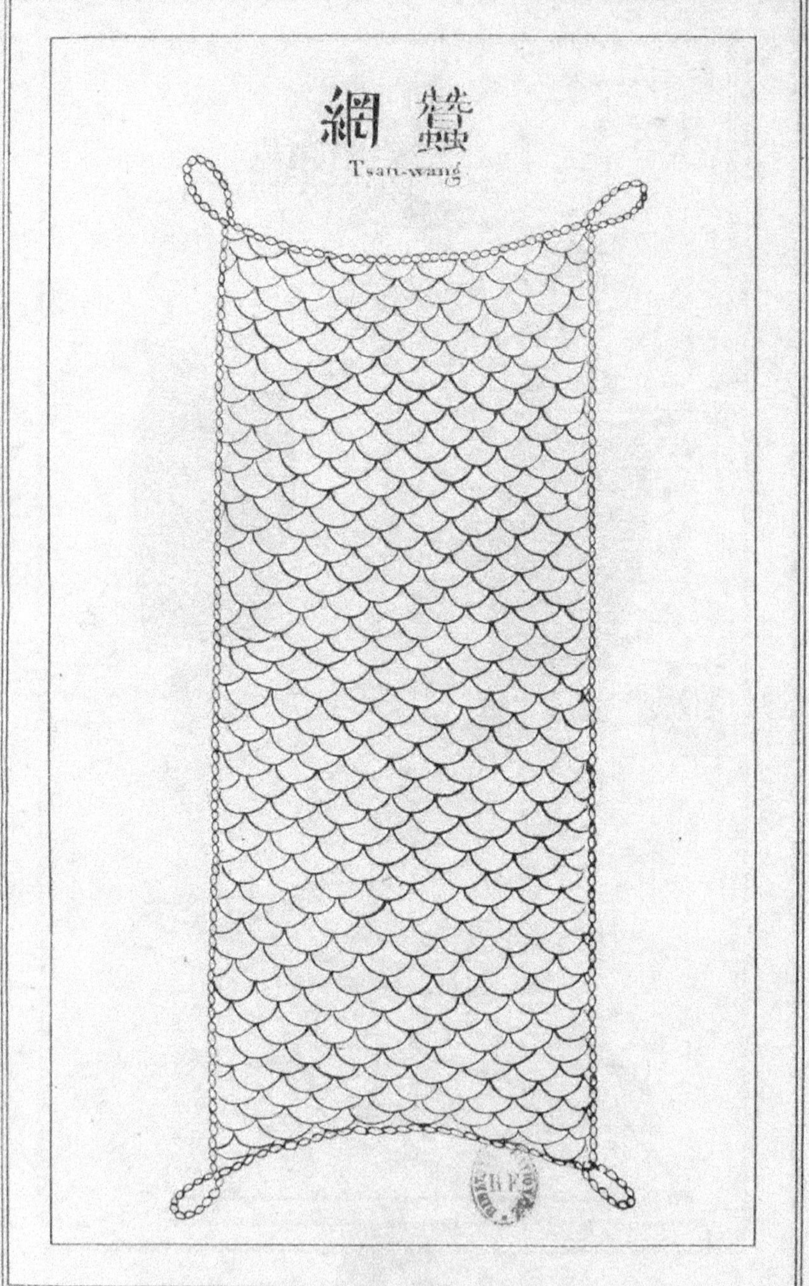

桑龍
Sang-long.
Fig. 2.
夾桑
Sang-Kia.

箔 簎

Tsan - po.

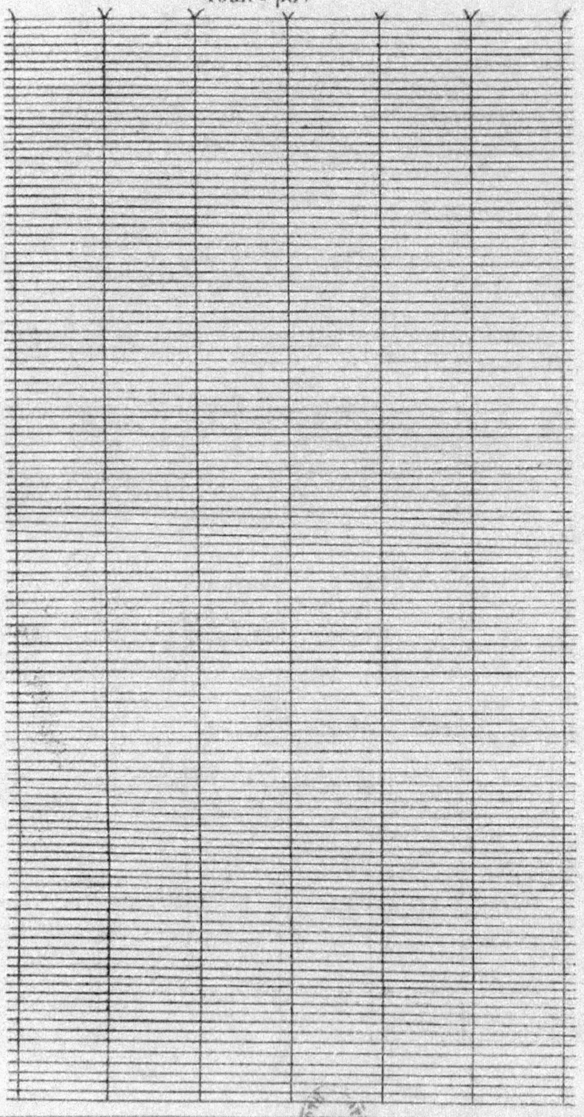

Fig. 2.

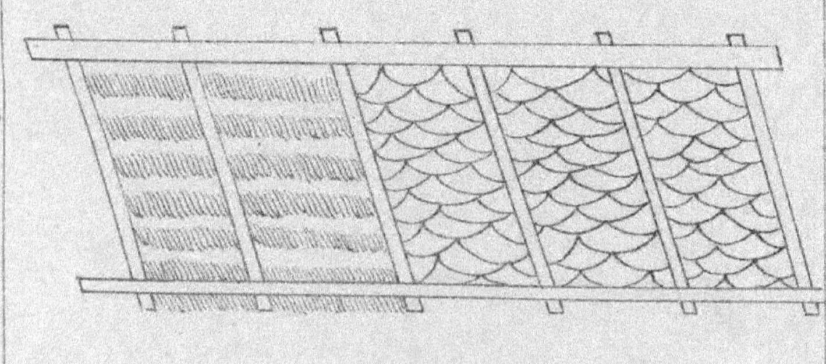

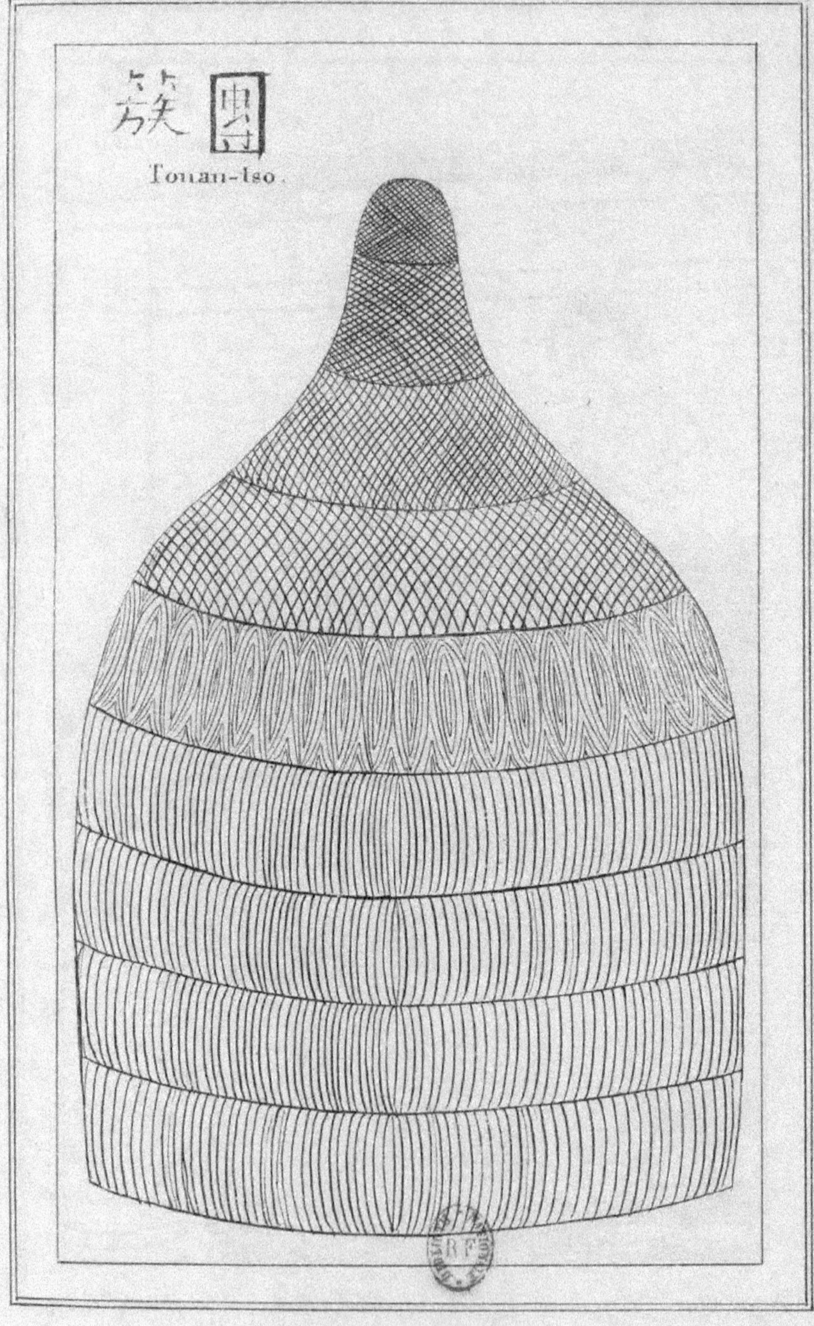
簇圓
Touan-tso.

絹 山
Chan-po.

繭甕
Kien-ong.

龍乾

Kien-long.

Planche 10.

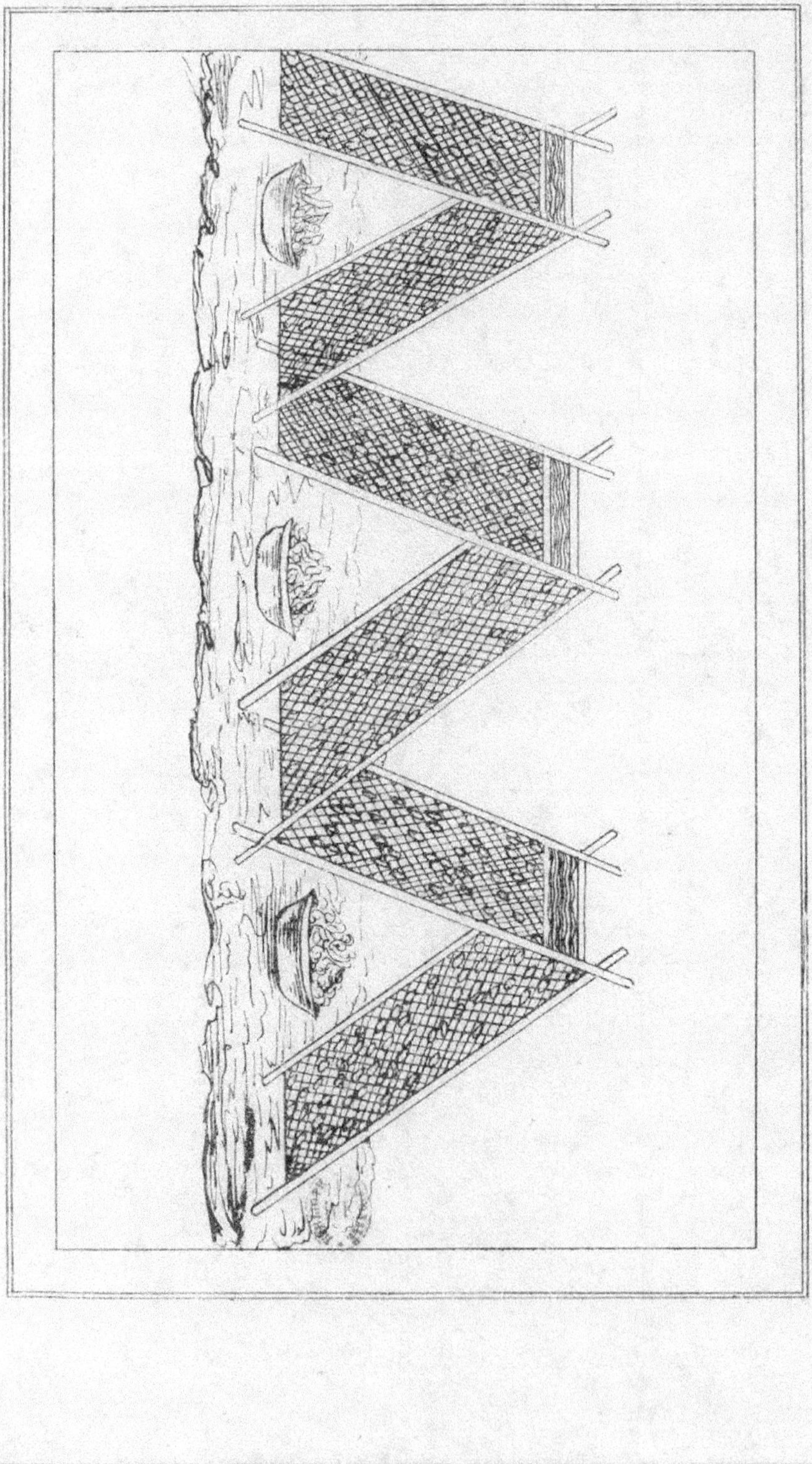

Planche 10.

TABLE DES MATIÈRES.

FIN DE LA TABLE DES MATIÈRES.